成功する人は、なぜ「自分が好き」なのか？

SENDA TAKUYA 千田琢哉

プロローグ

「自分が好き」は、最強の武器である。

ここだけの話、私は自分が好きだ。

その度合いも、尋常《じんじょう》ではないと自覚している。

それによって、きっとこれまで多くの人々を不快にさせてきたと思うし、なかには憎悪の念を抱いている人もいるかもしれない。

それでも私はそれらの障害を軽く凌駕《りょうが》してしまうほど、強烈に「自分が好き」なのだ。

さらに告白しておくと、「もう一度生まれ変わっても、自分になりたい」と思っている。

毎朝目が覚めると、「嗚呼《ああ》、今日も千田琢哉で本当に良かった。ブラピになっていたらどうしようかと思った……」と感謝している。

類は友を呼ぶのだろうか、私の周囲は揃《そろ》いも揃って、自分が好きな人たちばかりだ。なかには私でさえ後退《あとずさ》りしてしまいそうな、〝太宰治級〟のナルシストもいる。

私は学生時代、読書に明け暮れていた頃、帰納《きのう》的にふとある仮説を立てた。

それは「功成り名を遂げた人々は、揃いも揃って自分が好きである」というものだ。

そして実際のところ、社会人になってから数多くの成功者たちとの対話を通して、現実として成功するためには、自分が好きでなければならないことを確信した。

もちろんバカ正直に「自分が好きだ」と教えてくれる人は少なかったが、間接的に、人によっては何重ものオブラートに包みながらも、「自分が好き」であることがジワッと伝わってきたものだ。

とりわけ〝一発屋さん〟ではなく、長期的に成功したければ、自分が好きでなければ実現は難しいことに気づかされた。

冒頭で告白した通り、私も自分が大好きだったから、「きっと夢は実現できるのだろう」とぼんやりと思っていた。また私は本が好きだったので、今度は自分が本を書いてみたいという衝動に駆られた。

成功している著者たちはすでに何百冊という本を出していたから、「自分もとりあえず１００冊くらいは出さないとプロにはなれないな」と、ぼんやり思っていた。

ちなみに本書は１６０冊目となる。

この原動力は「自分が好き」という武器を、私が所有していたからだ。

私がこれまで本を通して、そして実際に対話を通して多数の成功者たちから授かった「自分が好き」という最強の武器を、今度はあなたに惜しみなく伝授したいと思う。

２０１９年４月吉日

南青山の書斎から　千田琢哉

第1章　「自分が好き」が、世界を変える

第2章 そもそも自分とは何者か

第3章 嫌いな自分を好きになる方法

第4章 自分がどんどん好きになる習慣

第5章 「自分が好き」な人が、人生を愛せる

第1章

「自分が好き」が、世界を変える

私にとって最高の勝利は、
ありのままで生きられるようになったこと、
自分と他人の欠点を
受け入れられるようになったことです。

オードリー・ヘプバーン

「ありのままの事実を受容せよ」

これは私が本を通して出逢ってきた著者たちが、異口同音に述べていたことだが、社会人になってこの大切さをますます痛感するようになった。

この事実を受容すれば、もはや人生は勝ったも同然なのだ。

たとえば本気で勉強ができるようになりたければ、まず事実を受容することからすべてははじまる。

人の記憶力と理解力は、先天的にほぼ決まっているのだから、まずは自分の脳の性能を虚心坦懐《きょしんたんかい》に把握する必要があるのだ。

記憶力が劣っていれば、暗記物にはそれなりの工夫とエネルギーを必要とするし、理解力が劣っていれば教材選びや塾・家庭教師選びに工夫とエネルギーを必要とする。

記憶力は良くても理解力が劣っていたり、理解力が良くても記憶力が劣っていたりする場合には、それなりの工夫とエネルギーが必要になってくるというわけだ。

要はありのままの事実を受容して、その事実に基づいて戦略を練るしかないのだ。

何も難しい話ではないだろう。

20世紀を代表する美女であるオードリー・ヘプバーンは、いじめ・両親の離婚・雑草や球根を食べ、雨水を飲む極貧逃亡生活・栄養失調・数々の持病……を経験している。

1929年生まれの彼女はユダヤ人ではなかったが、親族の関係でナチスの影響から逃亡生活を余儀《よぎ》なくされた。

そんな彼女が後に一角のバレリーナとなり、女優業で世界に名を馳《は》せたのは、10代までに生き地獄を経験したことで、この世の真理を悟ったからではないだろうか。

彼女が幼い頃から愛に飢え、思春期には極貧生活と逃亡生活を経験してきたからこそ見える景色があったのだろう。

強く光り輝くためには、あのヨハネス・フェルメールの絵画のように、暗闇のような深い影が欠かせない。

すべての集大成として彼女がこれぞ人生の最高の勝利と悟ったのは、ありのままの事実を受容できるようになれたことだった。

自分と他人の欠点を受容できた瞬間、それが究極の愛であり人生の勝利なのだ。

自分の欠点を受容できる人が、真に「自分が好き」ということなのだ。

自分の欠点を受容できた人は、他人の欠点をも受容できるのだ。

ありのままの自分を受容し、そのうえで命を燃やし尽くすのが、極上の人生である。

もっとも重要なのは、
能力の輪を大きくすることではない。
その輪の境界をどれだけ厳密に決められるかだ。

ウォーレン・バフェット

これは、世界一の投資家として知られるウォーレン・バフェットの教えのなかで、私がダントツで好きな言葉である。

この言葉に何度勇気づけられ、何度救われたかわからない。

それもそのはず、私がこの言葉に出逢うまで、ずっと心のなかで曖昧模糊《あいまいもこ》として言語化できずにいた想いを、彼が見事に言語化してくれたからである。

この言葉に出逢った瞬間、私は嘘偽りなく、「嗚呼、生まれてきて良かった」と感謝したほどだ。

この言葉ほど「自分が好き」になる大切さを再認識させてくれるものはない。

「自分が好き」になるということは、自分の能力の限界を受容したうえで、自分の能力を生涯深め続けることだからである。

現実問題として、アマチュアの世界ではともかく、競技参加者数の多い本格的なプロの世界では、今から「能力の輪」を大きくすることなんてできやしない。

もし、あなたがまだ「能力の輪」を大幅に拡大できるというのであれば、その分野が競技参加者が少なく偏差値の低い分野か、あるいはこれまであなたが実力を出し惜しみしてきた場合に限られる。

これは、あなたも何かの分野でプロとして活躍しているのであれば、大いに首肯《しゅこう》してもらえるはずだ。

ビジネスで言えば、基盤を構築してそれを拡大する期間はたしかに必要だが、永遠に同じペースで拡大し続けることは不可能である。

世界中で行われてきた領土争いの歴史を振り返っても、これは明らかである。

イギリス帝国やモンゴル帝国が失墜したのは、自国の境界、つまり「能力の輪」を決めることに失敗したからだ。


今回、はじめて告白するが、私はこれまで目標を達成するために「血反吐《ちへど》を吐くような努力」をしたことは、ただの一度もない。

はたから見たら努力家と評される時期もあったかもしれないが、私自身は心からそれを楽しんでいたと、一点の曇りもなく断言できる。

それでも、人生の節目や社会人になってから今日まで、私は夢のすべてを実現してきた。

その理由は簡単である。

まずは、自分が納得ゆくまでガムシャラにやるだけやってみて、自分の「能力の輪」が浮き彫りになってきたら、撤退か進出か、それを素早く決断してきたからだ。

その程度の「能力の輪」ではやっていけないと判断した場合は、二度と人生で関わらないようにしてきたし、「これはいける！」と直感したものは、迷わず深掘りし続けた。

以上を習慣化すれば、成功しないほうが難しいと、私は思っている。

自分のことを、
この世の誰とも比べてはいけない。
それは自分自身を侮辱する行為だ。

ビル・ゲイツ

勘違いをしてはいけないが、ビル・ゲイツのこの言葉は、プロとして水準以上に達した者にだけ、当てはまるということだ。

その水準に達していない場合は、大いに人と自分を比べる必要があるし、どんどん競争すべきである。

ビル・ゲイツにしても、無名時代は他社商品をパクりまくっていたし、他社との競争に明け暮れていたのだから。

初期の段階から競争をしない者は、うだつの上がらない人生が、ほぼ確定するだろう。

私もこれまで数え切れないほど人と比べ続けてきたし、競争もしてきた。

負けることもあったし、勝つこともあった。

正確には99％負けてきたと思うが、1％の確率で勝つこともあった。

99％負けた分野には、二度と関わらなければいい。

1％の勝てた分野では、実力を磨いて自分がどこまで到達できるのかを試せばいい。

シンプルだけれど、それだけの話なのだ。

そのうえで、自他ともに「プロとして水準以上に達したな」と感じたら、このビル・ゲイツの言葉を思い出せばいい。

同じ分野において、逸材同士の足の引っ張り合いや、才能の潰し合いは、きっと人類のためにもならないだろう。だからこそ、プロとしてそれなりの地位まで上り詰めた場合は、「この世の誰とも比べてはいけない」というビル・ゲイツの言葉に従うのだ。

ビル・ゲイツが言うように、水準以上のプロにとっては、他の誰かと比較する行為は、自分自身を侮辱することに繋がるのだから。

やはり、長年世界一であり続けた大富豪は、「自分が好き」ということなのだ。世界一自分を愛した結果として、世界一の大富豪になれたのかもしれない。

きっとあなたは何かの仕事でプロだろう。

少なくとも、プロを目指しているからこそ、こうして本を読んで勉強しているはずだ。

本気で成功したければ、まずは正々堂々と勝ち負けをハッキリさせることで、競技

者たちと切磋琢磨《せっさたくま》することは不可欠だ。

そのうえで、プロとして活躍できそうな分野を見つけたら、全力で勝ち抜く。

プロとして世界の第一線で活躍できる身分になり、不毛な競争に疲れ果てたとき、ようやくビル・ゲイツのこの言葉を思い出すのだ。

仮に現時点では「そんなのきれいごとだ」「しょせん、机上の空論」と感じた人でも、そのときになれば、「なんて味わい深い言葉なんだ……」と、深く感謝できるに違いない。

大切なのは、忍耐。
私には、無理。

マドンナ

自分自身も含めて、私はその人の墓碑銘《ぼひ》が、その人の人生の結果だと思っている（実際に刻むかどうかは別として）。

そう考えると、マドンナの生き様を、これほどまでに見事に集約した言葉はないだろう。

彼女はこれ以外にもいくつかの名言を残している。

「私が何かをやるときの基準は、絶対に世間の反応なんかじゃない」

「他人の許可がないと楽しめない人って、かわいそうよね」

「セックスシンボルって呼ばれるのは当然よ。だって、私、セクシーだもの」

「本当に革命を起こしたかったら、嫌われる覚悟を持つこと。本気じゃないのなら、やらないことね」

「若さの秘訣《ひけつ》？　愛されることよ」

いかがだろうか。

どれも筋金入りの「自分が好き」な人間でなければ、決して出てこないセリフばかりだろう。

同時に、彼女のこれらの言葉すべてが、幸せになるヒントを暗示していることにも気づかされるはずだ。

あらゆる角度から見ても、この世の本質を洞察していると言えよう。

すべては彼女が19歳のときに、親の反対を押し切って大学を中退し、所持金35ドルで長距離バスに乗って、ミシガンからニューヨークに出発したところからはじまった。ニューヨークの繁華街、タイムズ・スクエアで降りたマドンナは、このときこう誓った。

「私はこの世界で神様よりも有名になってみせるわ！」

冒頭の言葉にあるように「大切なのは忍耐」という建前を、「私には無理」と言って真っ向から否定し、我を貫き通す。

成功のためにはもちろん忍耐は大切だが、先の見えない忍耐は、完全に無駄なのだ。

忍耐の先にはさらなる忍耐しか存在しないことは、あなたの人生を振り返れば容易に理解できるはずだ。

他人の夢の奴隷になって、寿命を削り続けている人は、この事実に一日も早く気づいてもらいたいものだ。否、気づくだけではなく行動に移して習慣化してもらいたい。

あなたの忍耐が報われるのは、その忍耐があなたの明るい未来や夢と1本の糸で繋がっていると、一点の曇りもなく確信できる場合のみである。

マドンナにしても、とてつもない努力家なのは間違いない。

ただ、それは彼女のなかに何らかの信念があるからであり、自分を信じられたからなのだ。

夢を叶え続けている人たちは、達成するたびに「やっぱりな」と思っているはずだ。

自らの価値観に反するところに
身を置くならば、
人は自らを疑い、
自らを軽く見るようになる。

ピーター・ドラッカー

90代まで現役の文筆家として活躍した天才経営学者、ピーター・ドラッカーは、20代前半でアドルフ・ヒトラーやヨーゼフ・ゲッベルスを何度もインタビューしている。新聞社で働きながら21歳で法学博士号を取得したドラッカーは、入社2年目で副編集長に昇進した。

当時のマスコミや右翼政党は、〝田舎者で成り上がりの雑草〟と見ていたヒトラーの言うことなど、誰もまともに扱ってはいなかったようだ。

しかし、ドラッカーはヒトラーの危険性をいち早く察知し、「この男は本当にファシズムの嵐を世界に巻き起こす」と洞察していた。

まだ20代の若造だったドラッカーは、そのことを政界や財界のリーダーたちに何度も直訴《じきそ》し、警鐘《けいしょう》を鳴らし続けたが、誰も耳を貸さなかった。

1933年、ナチスが政権を握った年、ドラッカーは確信犯である論文を有力出版社から発表した。

その論文は、ユダヤ人を嫌うナチスを激昂《げきこう》させることは明白であり、予想通り、直ちに発禁処分され焼却されたという。

彼自身もユダヤ系オーストリア人だったため、身の危険を感じ、それまで築き上げてきたキャリアをすべて投げ捨てて、イギリスのロンドンに移住する。

彼はまさに〝タブーへの挑戦〟を信念とする、戦う文筆家だったのだ。

その後、彼は20世紀最高の経済学者、ジョン・メイナード・ケインズと出逢い、自分は商品の動きばかりを追いかける経済学者たちと違って、人間や社会にこそ興味があることに気づかされる。

その後の彼は、経営コンサルタントとして、学者として、世界を舞台に活躍していく。


これはドラッカーに限らないが、功成り名を遂げる偉人というのは、人生の前半で命に関わるほどの苦労を強《し》いられていることが多い。

もちろん、そんな苦労を自ら望む人間などいないだろうが、そうした逆境こそが、その後の彼らの成功に直接的、間接的に繋がっていることに気づくのだ。

逆境は、それだけ人を賢くするという証拠だ。


冒頭の言葉は、ナチスを激昂させた論文を世に出し、最後はアメリカに亡命した彼の生き様から搾《しぼ》り出されたのだろう。

彼自身も当時の決断のことを、「ジャーナリストとして自らの立場を明確にさせることで一角の人間になりたかった」と告白している。

ドラッカーもまた自分の魂の叫びに極めて忠実であり、相当に「自分が好き」な人間だったのだ。

彼の全著作の根底には、〝品のいい誇りの高さ〟が流れている。

その子二十櫛《くし》にながるる黒髪の
おごりの春のうつくしきかな

与謝野晶子

これは言うまでもなく与謝野晶子の『みだれ髪』にある、革命的な名歌の一つである。

この歌の意味は、「その女性は、今まさに20歳。長く豊かな黒髪は、すく櫛の目からあふれ、流れるように美しい。夢多き青春の、自信に満ちた誇らしさはなんて素晴らしいのでしょう」というものだ。

そして「その女性」こそが、与謝野晶子だ。

この歌のどこが革命的だったのかと言えば、「女性は幼にしては父兄に従い、嫁《か》しては夫に従い、夫死しては息子に従う」という男性中心の儒教の道徳が色濃く残っていた明治時代中期に、女性が自らを「美しきかな」と言い放った勇気だ。

間違いなく彼女は腹の据わった勇者であり、「自分が好き」な女性である。

時代は森鴎外がドイツの留学土産に書いた『舞姫』に続き『うたかたの記』『文づかひ』を発表して、軍部から圧力をかけられ、『文学界』の北村透谷《とうこく》が現実と観念の狭間で苦しみ抜いて自殺したあとで、自我の確立を目指した浪漫主義の最中にあった。

彼女自身、すでに自我を確立していたと言ってもいいだろう。それは先人たちが血を流したおかげもあったが、彼女は明治以降の人々に、とてつもなく大きな影響を与え続けることになった。

明治の終わりには、平塚らいてうが中心となって発刊した史上初の女性文芸誌『青《せい》鞜《とう》』創刊号に、彼女も詩を寄稿している。

また「太陽の塔」で有名な芸術家の岡本太郎の母・岡本かの子は、17歳の頃に与謝野晶子を訪ねて師事している。

「天才とは、ただそこにいるだけで周囲に影響を与え続ける存在である」と昔誰かに教わったことがあるが、まさに与謝野晶子は天才と呼ぶにふさわしいかもしれない。

「自分が好き」でい続けた彼女は、世間に流されることなく、ひたすら自分の軸に従って生きた。

その結果、彼女のもとからは、自分以上に活躍する逸材も巣立っていった。

ひょっとしたら、これが本当の教育なのかもしれない。

ただし、もし与謝野晶子が現代に生きていたら、それこそ連日マスコミを騒がせ続けるほど際立った人物だったことも付言《ふげん》しなければならない。彼女は略奪愛の末、歌人の与謝野鉄幹と結婚し、12人の子どもを出産しているのだ。

兎《と》にも角にも、作風も生き様も、何もかもがセンセーショナルな存在だったのだ。

だが私は思う。

彼女ほど徹底して我を貫くのであれば、すべては許されるのではないかと。

与謝野晶子の真似をしろとは言わないが、もしあなたも本気で「自分が好き」になって生きるなら、彼女くらいの覚悟を持つことだ。

なぜなら、自分をそこまで大好きに生きられる勇者は「加害者」であり、そうできない臆病者の大衆は「被害者」になるからだ。被害者は、嫉妬心を解消するために批判を続けるのだから、相当な覚悟が必要なのだ。

ただ一つの関心、
ただ一つの夢のなかに、私は生きました。

キュリー夫人

ご存じのようにキュリー夫人は、ノーベル物理学賞とノーベル化学賞を受賞した。現在までで、物理学賞と化学賞の2つを制覇したのは彼女だけである。

ついでに言えば、彼女の娘もノーベル化学賞を受賞している。

そんな素晴らしい偉業を成し遂げた人物の頭脳から出た冒頭の言葉には、含蓄《がんちく》がある。

なぜここまで彼女が研究に没頭できたのかと言えば、それは自分の使命をわかっていたからなのだ。

使命とは、自分が何のために生まれ、何のために生きて死んでいくのかである。

これは自分と向き合っていないと気づけないし、啓示があってもそれをキャッチできないと、気づかぬままに人生は終わってしまう。

自分と向き合うためには、まず「自分が好き」になることだ。そのためにも、一人の時間を確保して自分と語り合うことだ。

読書をしながら、自分と語り合うのも効果的だ。

啓示をキャッチするために大切なことは、「自分が好き」になった状態で、自分の直感を大切にして即行動することである。

即行動しなければ、啓示をキャッチすることは永遠にできない。

そのためにも、アイデアが頭をよぎった瞬間、すぐにメモをして動く習慣をつけておくことである。

私はこれまでに啓示を受けたことがあるし、授かったアイデアが大金に化けたことも何度もある。

アイデアは2秒もすれば跡形もなく消えてしまうから、メモを取る習慣は大切なのだ。

キュリー夫人は最期まで認めなかったが、長年の放射線被曝《ひばく》により、様々な病気にかかり、身体は蝕《むしば》まれていた。

否、本当は頭の良い彼女はわかっていたに違いない。寿命を削りながら人類のために研究をするのが、使命だということを。

彼女はこんな言葉も遺している。

「すべての人には幸せに生きる使命があります。だからすべての人を幸せにする義務があります」

「人々の力になること、これは人類の共通の義務なのです」

「どうして特許を取らなかったのか、ですか？　そんなことできますか。科学の精神に反します」

これほどまでに自分の使命がわかっていたということは、間違いなく彼女は「自分が好き」であり、自分を敬う誇り高き素敵な女性だったのだ。

己の感情は己の感情である。
己の思想も己の思想である。
天下に一人もそれを理解してくれなくたって、
己はそれに安んじなくてはならない。
それに安んじて恬然《てんぜん》としていなくてはならない。

森鷗外

森鴎外と聞けば、エリートの代名詞のような存在ではないだろうか。

実際に彼は先祖代々続く医者の家系の超秀才で、現在の東京大学医学部の前身に2歳年を偽り、飛び級で入学しているほどだ。

しかし、学年トップを目指していたものの、外国人教師と衝突して最低の評価をつけられてしまい、席次8番での卒業となった。

彼がそこまでトップにこだわったのは、当時、トップで卒業した者は国費でドイツ留学ができたからである。それが8番では、大学での研究者としての道も閉ざされてしまうのだ。

その後、本意ではなかったが陸軍省に入省し、陸軍軍医としての人生を歩みはじめ、ドイツ留学を果たした。

留学から帰ってきた彼は、持ち前の頭脳明晰さを武器に、次々と文筆活動を開始する。

『舞姫』では、我が国に自我の概念を持ち込み、評論・小説・詩・翻訳《ほんやく》といったすべての日本の文学界における礎《いしずえ》を、彼一人で築いたと言ってもいいだろう。

当時の日本では、まだ文学というものが確立されていなかったため、その時代の知識人が書いたものは、今では読むに値しない内容の作品も多いが、鴎外の作品はまるで違う。翻訳詩集『於母影《おもかげ》』、翻訳小説『即興詩人』、史伝『渋江抽斎《しぶえちゅうさい》』などは、現代でも超一流の名作中の名作として通用するだろう。

ここまで読んだあなたはすでにお気づきかもしれないが、これほどまでの超秀才が、周囲から嫉妬されないはずがない。

精力的な戦闘的啓蒙《けいもう》運動を恐れた軍部は、彼に文学活動の強制停止を命じた。さらには、彼と反《そ》りの合わなかった上司が軍医総監になり、小倉へ左遷された。

鴎外自身、物心ついた頃から卓越《たくえつ》した自分に気づいていたはずだが、同時に周囲の嫉妬との戦いを強いられる人生だったのだろう。

出世を閉ざされて絶望的な日々を送る小倉時代の前後には、『知恵袋』『心頭語』といった、ドイツの評論家・アドルフ・クニッゲの『人間交際術』を原典とする、今で言う自己啓発書を発表している。

その後、彼は成すべきことを成し、運気が再び巡ってくるのをじっと待ち続け、ついに軍医総監に就《つ》く。

もはや誰も彼には逆らえない官僚の頂点に立ったのだ。
雑草は雑草でたしかに辛いが、エリートも決して楽というわけではないのだ。
こんな苦難の連続だった彼の冒頭の言葉は、味わい深い。
鴎外も「自分が好き」だったからこそ、どん底の日々を耐え抜くことができたのだ。
大好きな自分を信じ、成すべきことを成していれば、いずれ運が巡ってくるのだ。

ありのままを、受容しよう。

第2章

そもそも自分とは何者か

あなたは、他人の影である。
他人を観察することで、自分を知ることができる。

逆説的な表現になるが、自分を知りたければ他人を知ることである。

なぜなら、自分とは他人の影であり、他人もまた自分の影だからである。

あなたという人間を、日々あなたよりも観察しているのは、あなたではない他人だ。

あなたの後ろ姿を鏡も通さず、１次情報としてダイレクトに見ているのは、常に他人なのだ。

同様に、あなたもまた他人をその本人よりも観察している。

その本人にはダイレクトに見えない後ろ姿を、あなたはいつも見ているはずなのだ。

あるいは、自分の容姿がどの程度なのかは、周囲の視線や言動からわかることも多い。

自分のポジションがどうなのかも、周囲の視線や言動から気づかされることも多い。

日々、他人をよく観察しておくことで、自分では永遠に気づくことができない自分に気づけることは、とても多いのだ。

安部公房は『砂漠の思想』のなかでこう述べている。

「他人が自分の影であるように、自分もまた他人の影に他ならず、一方が薄くなれば、必然的にもう一方も薄くなってしまうのだ。（中略）自我とは他者に投影された影なのだ」

まず影の存在を認めなければ、自分という存在は非常に偏《かたよ》った、歪《ゆが》んだものになってしまうということだ。

自我がなくて、外部に従属したり引きずられたりするよりも、外部と遮断された状態のほうが危険なのだ。

たとえば、他人の批判というのは概して正しい。

無論、すべてが正しいわけではないが一理あることが非常に多い。ただ現実問題として、人間社会には序列があるため、何ら実績のない無名の個人の批判は、誰も相手にしないことが多いというだけである。

もしあなたが本気で成功したければ、自分と同等以上と認めた相手の批判だけには耳を傾けることだ。

わざわざ耳が痛いことを言ってくれるということは、いくら感謝してもし切れない。その代わり、生理的に受けつけないような格下の相手の批判には、無理をしてまで耳を傾ける必要はない。

格下の相手の批判は概して単なる暇つぶしやコンプレックスの解消であることが多く、まともに聞くとその相手をつけ上がらせるだけである。

本当の自分を知りたければ、あなたが認めた相手の忠告は全身全霊で傾聴《けいちょう》しよう。

みるみるあなたは成長し、ますます自分を好きになれるはずだ。

他人の言動が「鼻につく」と感じたら、
そこにはあなたの本質が潜んでいる。

ここ最近、イラッとしている人が急増中だ。

これは、どんな凡人でも平等にイラッとしたことを書き込めるネット社会になったため、助長されていることもあるだろう。

昔は、イラッとしたとき、自分と同レベルのしがない連中が群れてヒソヒソ話でもする以外、弱者の生きる道はなかった。

ところが最近はどんなにしがない連中でも、世界に向けてメッセージを発信できる。

世界中が総批評家になってしまっているのだ。

いつの時代も、売れる何かを生み出せるのは選ばれし者のみだが、選ばれし者が生み出したものに対して批評するのは、底辺層だ。

しかし、あなたにはこうした事実を踏まえたうえで、一歩踏み込んで、より人生のステージを上げてもらいたい。


もしあなたが他人の言動に対して「鼻につく」と感じたら、そこにはあなたの本質が潜《ひそ》んでいるという事実を認めるべきなのだ。

なぜ容姿の優れた美人を見ると「鼻につく」のかと言えば、羨ましいからである。

それ以外の理由など何もない。

なぜ高学歴のエリートを見ると「鼻につく」のかと言えば、羨ましいからである。

それ以外の理由など何もない。

なぜ高収入のお金持ちを見ると「鼻につく」のかと言えば、羨ましいからである。

それ以外の理由など何もない。

なぜ仲睦《むつ》まじいカップルを見ると「鼻につく」のかと言えば、羨ましいからである。

それ以外の理由など何もない。

なぜ一流企業の総合職を見ると「鼻につく」のかと言えば、羨ましいからである。

それ以外の理由など何もない。


羨ましいと感じるのは、あなたが持っていなくて、相手が持っているからである。

相手は授かっているけれど、あなたは授かっていないことを羨ましいと感じるのだ。

ここから目を背けると、あなたは永遠に「自分が好き」になれないし、幸せにもなれない。

１００％の確率で、卑《いや》しい嫉妬人生で幕を閉じることになる。

それはそれで個人の好みの問題だから、私には関係のない話だが、私は読者に死に際に少しでも「いい人生だった」とニッコリと笑ってもらいたいと思って、こうして本を書いている。

もしあなたが自分を好きになり、死に際に「いい人生だった」と笑いたければ、相手は授かっていて、あなたは授かっていないというその事実を、赦《ゆる》すことである。

どうしてもその事実が赦せなければ、赦せない自分を、まずは赦してやればいい。

そうすれば、いずれ必ず相手も赦せるようになり、事実を受容できるようになる。

読書をして、自分の器のサイズを知る。
それができると、本当の自分に出逢うスピードが
飛躍的に高まる。

自分探しの旅に出る人がいる。

なぜ旅に出ると本当の自分に出逢えるのかと言えば、新しい土地で新しい人に出逢うことで、新しい自分に出逢うからである。

また旅に出ると、多くの場合、予定通りには進まない。

列車はしょっちゅう遅れるし、飛行機は欠航するし、ホテルはオーバーブッキングになるのは日常茶飯事である。

海外に行くと、見ず知らずの人に声をかけられて、金品を奪われるという特典つきだ。

これらの経験すべてを通して、意外な自分に気づかされるのが、旅の醍醐《だいごみ》味なのだ。

自分のことを意外に知らないということに気づかされるのが、本当の自分に出逢うということなのだ。

そうした自分探しの旅も結構だが、あわせて私は読書もおススメしたい。

読書と旅はどこか似ていると思う。

旅が知らない土地や慣れない環境に身体を運ぶ行為であるのに対し、読書は知らない世界観や慣れない思想に脳を運ぶ行為である。

今いる場所から不慣れな遠くの場所に移動するという点において同じなのだ。

私自身は、大学4年間で1万冊以上の本を読んできた。

なかでもいちばんよく読んだのが小説であり、実に多くの世界観をあちこち旅することができたと思う。

芥川龍之介には芥川龍之介の世界観があり、太宰治には太宰治の世界観がある。川端康成には川端康成の世界観があり、三島由紀夫には三島由紀夫の世界観がある。夏目漱石には夏目漱石の世界観があり、森鴎外には森鴎外の世界観がある。

言葉では表現できないが、本を開くとその作家の世界観にムワッと包み込まれる感じだ。

これは現代作家でも同じであり、独特の世界観を醸《かも》し出せる作家というのは、やはり長く売れ続けているものだ。

小説に限らずビジネス書や哲学書などでもこれはそのまま当てはまり、一流の著者は独特の世界観を持っており、読者を虜《とりこ》にする。

私はそうした一流の著者たちの世界観に数多くどっぷり浸かることで、本当の自分に出逢えたのだと思う。

つまり、本当に自分のやりたいこと、それに対する自分の才能、器のサイズなどが把握できたということだ。

たくさん読書をした人間とそうでない人間とでは、本当の自分に出逢えるスピードと確率は桁違《けたちが》いだと私は確信している。

モチベーションアップさせる方法を学ぶより、
モチベーションが不要なことは何か、を思い出す。

いきなり結論から入るが、モチベーションアップは、奴隷の発想だと思う。

なぜモチベーションアップをしなければならないかと言えば、本当はそれをやりたくないからである。

人にこき使われている奴隷を鼓舞する手段が、モチベーションアップというテクニックなのだ。

本当に好きなことばかりで人生を埋め尽くしている人は、モチベーションアップなど不要なのだ。

ここに議論の余地はない。

これについても私は大学時代の読書で予習していたため、社会に出てからはとにかくモチベーションアップしなくてもいいことだけを探し続けた。

「うわっ、今の俺はモチベーションアップを必要としている」と一瞬でも感じたら、大いに恥じたものだ。

サラリーマン時代はとにかくモチベーションが不要のことばかりを探して、ひたすらそれに没頭していた。

どうしてもモチベーションアップを必要とする場合には、上司に直談判《じかだんぱん》してでも環境を変えてきた。

「ボーナスはアップしてほしいけど、出世はいらない。だからこの仕事のやり方は嫌だ」と上司を説得して、自分の好きなように働かせてもらってきた。

そういうわけで、おかげさまでもうかれこれ十数年以上、モチベーションアップ不要で人生を埋め尽くしている状態だ。

これは冗談ではなく、もしこの先私が人生で多少不幸な目に遭っても、「こんなにモチベーションが不要の人生を送らせてもらっているのだから、まあ仕方がないな……」と心の底から思える。

すべては私が本で教わった通り、自分にとってモチベーションが不要のことを貪欲に探し続けた結果だと確信している。

私は物事の本質を考えることが好きだったし、それを表現することに憧れていた。「書く」「話す」といった表現の勉強は後天的に習得したが、常軌を逸するほどに本質にこだわる資質は先天的だったのではないかと自己分析している。

翻《ひるがえ》って、あなたはどうだろうか。

きっとこれまでの人生を振り返れば、モチベーションなんて不要で没頭できたことを一つや二つくらいは思い出せるはずだ。

それがあなたにとって先天的な才能であり、それを後天的に開花させるために人生を授かったのではないだろうか。

「あなたは○○似」と言われ続けてきたら、
その○○をとことん調べ尽くす。

「あなたは父親似」

「あなたは死んだおばあちゃん似」

「あなたはアイドルの○○似」

「あなたはスポーツ選手の○○似」

一度ならず、こう言われた経験は誰にでもあるはずだ。

私も何人もの有名人や親族の誰かに似ていると言われ続けてきた。

ここで大切なことは、「そうですか、アハハハハ……」で終わらせないことだ。

「あなたは○○似」と聞いて、そのままスルーしてしまうか、ちゃんと立ち止まって、それを機に真剣に考えるかで、その後の人生は大きく変わる。

わかりやすい容姿のみではなく、性格が似ている場合でも大いに参考になるものだ。もちろん雰囲気が似ているというのもアリだ。

「あなたは○○似」と教えてくれた相手に、具体的にどこがどう似ているのかを聞いてみよう。

真剣に聞けば、相手も真剣に答えてくれるだろう。

私はこれまでの人生で「おじいちゃん似」を筆頭に、複数の横綱に似ていると散々言われ続けてきた。

特に身近な存在であったおじいちゃんの若い頃の話は、生前に本人と周囲から念入りに聞いてデータを収集できたので良かったと思っている。

今でもつい気を抜くと、おじいちゃんが若い頃におかした大失敗をやらかしそうになり、冷や汗をかくことが多々あるからだ。

おじいちゃんの良い部分だけではなく、悪い部分も含めて遺伝子を継承しているわけだから、私にとってこれ以上貴重な人生の予習は他にないのだ。

また、私が似ていると言われた複数の横綱たちの情報を調べられるだけ調べてみたところ、彼らに共通した資質は〝繊細さ〟にあることに気づかされた。

これは、私が新卒で入社した損害保険会社で、信頼できる同期から指摘されたことが大きなヒントになった。この場を借りてお礼を述べておきたい。

横綱に似ていると言われた嬉しさもあるが、同時に頂点まで上り詰める人々はどんなに強靭《きょうじん》に見えても、〝繊細さ〟という矛盾を兼ね備えていることを教わった。

繊細であるということは弱いというわけではなく、感受性が豊かであり、知性が高いということでもある。

これは財界や政界でも同じで、強さと繊細さを兼ね備えた者が頂点に上り詰める。

少なくとも私はそれが励みになったし、これからもそれを励みに生きていきたい。

ぜひあなたも「あなたは○○似」と言われたら敏感に反応し、それをきっかけに人生を好転させてもらいたい。

1000万円もらってもやりたくない仕事を、把握しておく。

これは一つのパラドックスだが、好きなことを早く探したければ、あえて嫌いなことをたくさんやっておくと、辿《たど》り着きやすい。

なぜかと言うと、嫌いなことを塗り潰していくことで、逆に好きなことが浮き彫りになってくるからだ。

実際に私は社会人になってしばらくは、この方法で次々に好きなことをあぶり出した。

大学時代から将来は独立すると決めていたから、自分がたとえ1000万円もらってもやりたくないことを、1次情報で脳裏に刻み込んでおきたかったのだ。

そのために、猛スピードでありとあらゆる仕事を経験したというわけだ。

私が入社1年目でやりたくないと感じたことの一部を列挙しておく。

・満員電車で通勤したくない。
・決められた時間に働きたくない。
・人にペコペコ頭を下げて商品を売りたくない。
・いくら年上でも自分より頭の悪い人の下で働きたくない。
・クレーム処理をしたくない。

いかがだろうか。

特に頭の固い人や年配の人には、許し難いわがままだと感じた人も多いだろう。なかには怒り心頭に発して本書を放り投げたくなった人もいるかもしれない。

だが冷静に考えてもらいたい。

怒りを覚えた人だって、本当は私と同じようにやりたくないと感じているのに、我慢をして自分を正当化しているだけではないだろうか。

自分が我慢をしているから、他人も同様に我慢すべきだと、思い込んではいけない。

断言しておくが、我慢をしても人生は何も変わらない。

私の場合はそれも読書で完璧に予習していたので、「満員電車に乗って通勤しない」「好きなときに、好きなだけしか仕事をしない」「人に卑屈に頭を下げない」「ヒトラーやムッソリーニのように常に自分が頂点の環境で生きる」「自分でクレームは受けない」ための環境を全力で構築してきた。

冗談ではなく、サラリーマン人生のラスト5年間には、すでにそうした環境を完成させていた。

サラリーマン時代と今の違いと言えば、会社に利益が搾取されない分だけ、私の年収が増えたことくらいである。

ノーベル経済学賞を受賞したフリードリヒ・ハイエクが唱えた三大ネガティブ（「自由とは恣意《しい》的な強制がない状態」「正義とは不正義が行われない状態」「平和とは戦争がない状態」）同様に、あえて積極的に定義しないことで見えてくる真理もあるのだ。

ちゃんと負ける。
それができたら、自分が何者かが浮き彫りになる。

受験で負けた。

スポーツで負けた。

容姿で負けた。

就職先で負けた。

年収で負けた。

出世で負けた。

結婚相手で負けた。

子どもの偏差値で負けた。

……いちいち数え上げたらきりがないが、人は誰もが人生の様々な勝負で負ける。

だが究極、その時代の世界ナンバー1の人を除けば、すべての競技参加者は敗北者なのだ。だから、負けることそれ自体は恥ずかしいことでも、特別に珍しいことでもないだろう。

私も数え切れないほど人生で負け続けてきたため、いちいち記憶にないくらいだ。

一つ断言できるのは、負けることによって自分という存在が明らかになってくるということだ。

もちろん勝負に負けるのは悔しいことだ。

もし悔しくなければ、その勝負で負けた意味はないと私は思っている。**ちゃんと悔しがれるということは、それだけあなたが真剣に挑んだ証拠であり、その負けから得るものもそれだけ大きいと言うことができるだろう。**

「良い負け」の目安は、たとえ勝負に負けてもあなたの口から言い訳が出てこないということだ。

言い訳が出てくるということは、準備不足だということである。

私の場合は準備不足で勝負に負けたことはないから、負けた瞬間「これは才能不足」と一瞬で負けを認めることができる。

ここで大切なのは、他人がどう思うかとか、実際にどうなのかは問題ではないということだ。

自分のなかで、その負けに決着がつけられることが大切なのだ。

「自分にこれ以上の準備はできなかった」と一点の曇りもなく思えるのなら、もうその道であなたが活躍できることは残されていないはずだ。

だったらその道は潔く諦めて、さっさと別の道を探すべきだ。

これができないから、いつまでたっても閉ざされた道に固執して、しがない人生で幕を閉じることになるのだ。

自分が歩むべき道を見つけるまでは、どんどん挑んで、どんどん負け続ければいい。

負け続けた経験は、最後にあなたが歩むべき道を見つけた瞬間にすべて繋がる。

勝負する相手を、間違えてはいけない。
競争心と向上心の違いをちゃんと理解する。

本書の読者には受験や就職で競争し、その後の年収や出世でも競争し続けて、疲労困憊《こんぱい》という人も多いのではないだろうか。

そういうエネルギッシュな頑張り屋さんでなければ、こうしてわざわざ本を読んでまで勉強しようとは思わないはずだ。

そんな頑張り屋さんに対して私が贈りたいのは、知恵である。

それは、競争心と向上心の違いをきちんと理解するということだ。

競争心も向上心もどちらも大切だが、時期によってそれらを正確に使い分けなければ、あなたは永遠に成功できないだろうし、きっと幸せにもなれない。

競争心とは、他人を打ち負かして、あなたが勝つことである。

これは決して悪いことではなく、特に初期段階では避けて通れない道だ。

同じ土俵で戦うライバルたちを、あなたの実力で蹴落《けお》として、あなたのほうが圧倒的に優れていることを、自他ともに認めさせなければ、何もはじまらない。

きれいごとを抜きにすれば、勝負はやっぱり勝たなければ意味がないのだ。

勝者は美しく、限りなく神に近い存在なのだ。

そうやって並み居るライバルたちにしばらく勝ち続けると、その土俵で「それなりのプロ」と認められるようになる。

「それなりのプロ」とは、野球で言えば1軍のスタメンのことだ。

仮にあなたが現在サラリーマンなら、組織でレギュラーメンバーとして活躍している存在であれば「それなりのプロ」と呼べるだろう。

組織内で順調に出世コースに乗っていれば、「それなりのプロ」と考えていい。

どんな職業でも、このレベルに達するまでは、ライバルに勝たなければならない。

ところが、ここから先は誰もがそれなりの実力者ばかりであり、無理矢理同じ物差しで測ることが難しくなってくる。

それぞれの持ち味を活かして相乗効果でパフォーマンスを上げたほうが、組織や業界に貢献できるのだ。

そうなると、今度は競争心から向上心にシフトしなければならない。

向上心とは、他人ではなく、ひたすら自分自身に勝つことである。

ライバルを他人ではなく自分に設定し、昨日の自分と比較しながら成長を目指すのが向上心である。

誰かに負けて悔しいのは競争心で、自分に負けて悔しいのが向上心なのだ。

そう考えると、どうだろうか。

決して楽ではないかもしれないが、楽しい人生になるはずだ。

競争に明け暮れて疲れ果てたら、「もうそろそろ向上心の段階かも」と一度疑ってみる価値はある。

行き詰まったら、逆を考える。

第3章

嫌いな自分を好きになる方法

隣にいる顔ぶれを変えてみる。
そのためにも、今ある人脈を捨てる。

私はこれまで、すべての原因は自分にあると主張し続けてきた。

何か問題があったら、その原因を外に向けるのではなく、自分に向けて考えるという「原因自分論者であれ」と説いてきた。

今でも本質的にはその考えは変わらない。

やはり自分に降りかかる問題の原因は、直接的にも間接的にも意識的にも無意識的にも、自分がいつかどこかで種を蒔《ま》いていたのだと思う。


以上を踏まえたうえで言わせてもらえば、あなたの人生は周囲にいる人々が創っているというのもまた事実である。

つまり、あなたがさえない人生を歩んでいるのは、あなたの周囲がさえない連中ばかりだからである。

あなたが自分を好きになれないのは、周囲の人間がそうさせているのである。

こう言うと、何やら原因を他人に求めているように思うかもしれないが、そうではない。やはり原因は自分にあるのだ。

なぜなら、あなたの周囲にいる人間というのは、あなたが小中学生でもない限り、

100%あなたが選んだ結果だからである。

通っている大学の同級生がさえない連中ばかりなのは、他の誰でもなく、あなたがその大学を選んだことに原因がある。

たとえ不本意な推薦入学の結果だとしても、最終的にその程度の大学に入学しようと決断したのは、あなた自身のはずだ。

職場がさえない連中ばかりなのは、他の誰でもなく、あなたがその職場を選んだことに原因があるのだ。

たとえコネで入社したとしても、最終的にその職場で働くと決断したのは、あなた自身のはずだ。

あなたの周囲の人間があなたの人生を決めていると言ったが、その周囲の人間を寄せつけたのは、つまり、あなた自身なのだ。

まずは冷静になって、この揺るぎない事実を受容すべきである。

そして、本気で人生を変えて自分を好きになりたいというあなたが、次にすべきことは、隣にいる顔ぶれを変えることである。

率直に申し上げて、今の人脈を捨てろということだ。

私がこれまで出逢ってきた長期的な成功者たちは、意識的にも無意識的にもこうした人脈の総入れ替えを何度も経験している。

人生のステージが変わる瞬間というのは、必ず周囲の人脈も一緒に変わる。

たまに群れから抜け出して、今あなたがいる集団を離れた場所から傍観してみよう。

「このまま人生が終わったらキツイな……」と思えたら、今いる場所を抜け出そう。

それ以外に自分が大好きに生きる方法は、存在しないのだから。

あなたと似たタイプで成功している人を、
徹底的に分析する。

一度きりの人生、本気であなたが成功したいのであれば、方法はたった一つだ。

それは、自分と似たタイプの成功者を探すことだ。

たとえば、身長の低い女性が、本気でモデルを職業にすることを目指すとしよう。

その場合は、身長１８０㎝超のスーパーモデルを真似してもあまり意味がない。

手足の長さが違い過ぎるうえに、用意されている勝負の土俵もまるで違うからだ。

モデルになるという夢を実現させるためには、まず自分同様に身長が低くても世界で活躍しているモデルを徹底的に探すべきである。

本気で探せば今の時代、必ず複数のサンプルが見つかるはずだ。

その結果、身長の低いモデルが活躍するためには、容姿以外にプラスアルファとして強烈な武器をいくつか持っていなければならないことがわかったとしよう。

すでにあなたが幼少の頃から継続している武器があれば、それを磨き続ければいい。

しかしあなたが継続している武器が何もないなら、今から10年計画で自分の武器を磨き続ける必要がある。

楽器ならピアノなどメジャーなものや、ハードルの高いヴァイオリンなどではなく、ポケットサックスやテルミンといった超マイナー楽器を攻めるべきだ。

正直なところ、素人にはうまいのか、うまくないのかよくわからないが、だからこそ狙《ねら》い目なのだ。

あるいは、あなたができそうならの話だが、しゃべりが好きなら落語を真剣に習得するとか、勉強が好きなら最近流行《はや》りの「東大合格」をウリにしたりして突破口を開くのもいいかもしれない。

これはお笑い芸人や作家、画家の世界でも同じだ。

才能不足を自認しているのなら、華やかな王道で勝負するのではなく、自分とタイプが似ている成功者を徹底的に分析し、真似できる部分はとことん真似ることだ。

私自身は物心ついてから、自分が不器用であることを自認していたため、不器用だけど成功している人たちの真似をして、常にマイナー街道を突っ走ってきた。

スポーツで言えば、他人の半分の練習量でも、倍のスピードで成長できたもの、さらにはとてつもなくマイナー分野のものを厳選して勝負してきた。

将来スポーツについて語る際に、それがウリになることがわかっていたからである。

大学の学部選びでもこれは同じだった。

高校時代に理科系だった私は、当時流行の環境系や、就職に強い建築系にも合格したが、それらを辞退して「民間就職には不向き」と念を押された教育学者養成の教育学部に入学した。他学部より募集人数が一桁少なく、それだけ世のなかの需要がないというところが、マイナー志向の私を魅了したからだ。

今振り返ってみると、戦略は大体正しかったと、自分で自分を褒めてやりたい。

「だって……」「どうせ……」「自分なんか……」

という言葉とは、絶縁する。

あなたの人生は、あなたの周囲の人間が決めるということは、すでに述べた通りだ。

そして、その周囲の人間を引き寄せたのも、100％あなた自身であることも述べた。

では、なぜダサい人の周囲には、ダサい人たちが集うのか。

それは、ダサい人は、ダサい言葉を吐くからである。

人は普段口にしている言葉が似ている者同士で群がるようになっているのだ。

なかでもダサい人たちのわかりやすい口癖が、「だって……」「どうせ……」「自分なんか……」というものだ。

これらの口癖は、絶対、必ず、100％の確率で、ダサい人たちを引き寄せる。

それらの言葉を口癖にすることで、「あ、この人は仲間だ」とダサい人たちが察知するからである。

観察しているとすぐにわかるが、ダサい人たちは顔もダサいはずだ。

顔がダサくなるのは、ダサい表情をしているからである。

ダサい表情は、ダサい言葉が創るのだ。

試しにあなたも鏡の前で「だって……」「どうせ……」「自分なんか……」と口に出して言ってみよう。

身の毛もよだつほどダサい表情の自分に驚かされるはずだ。

それらを口癖にしているということは、毎日、ダサい表情の筋トレをしているということだ。

仮に1日に3回それらの言葉を口にしたとすると、1年間で1000回もダサい表情の筋トレをすることになる。10年間だと1万回だ。

それだけダサい表情の筋トレをすれば、間違いなくダサい表情になるのは誰でも理解できるはずだ。

ダサい言葉を口癖にして、ダサい表情になって、ダサい人たちに囲まれて生きていては、自分のことが好きになれるはずがないだろう。

解決方法は簡単である。

「だって……」「どうせ……」「自分なんか……」という言葉とは、今この瞬間から絶縁することだ。

自分が口にしないのはもちろんのこと、それらの言葉を口にする人たちにも近づかないことだ。

「そんなことをしたら、友だちが一人もいなくなってしまいます！」というクレームが届きそうだが、それでいいのだ。

「自分が好き」になれない原因となる友だちは、もうあなたには必要ない。

心配しなくてもいい。

自他ともにそれらの言葉と絶縁できた頃に、必ず素敵な新しい出逢いが訪れるから。

〝過去の栄光〟は、極めて大切なもの。
あなたが生きてきた結果なのだから。

「過去の栄光にしがみつくなんてかっこ悪い」

そんなセリフを得意気に吐く人は今でも多いが、それは本当だろうか。

建前では本当だが、本音では嘘だ。

建前では本当だという意味は、特に人気商売をしている場合は、人前ではとりあえず過去の栄光を否定しておけば、大衆ウケして儲かるのだから、それはそれで正しいということだ。

だが、本音を言えば、人は過去の栄光で食い繋ぎ、社会的地位を構築していくものである。

たとえば、ごく一部の例外を除けば、ビジネス書の売れ行きは、著者の学歴と経歴にほぼ比例している。

少なくともデビューするためには、学歴と経歴が強い武器になるのは間違いない。

学歴と経歴というのは、まさに過去の栄光の極致《きょくち》ではないか。

過去の栄光がなければ、そもそもスタートラインにすら立つことが許されないのだ。

本書の読者には就活生や転職を考えている人もいるだろう。

私は経営コンサルタント時代に数多くの企業の新卒や中途の採用を手伝ってきたが、

とりわけ大企業の文系就職のエントリーシートは「入学大学」だけをチェックする。Fランク大学や短大からの編入、大学院からの〝学歴ロンダリング〟は、採用側はすべてお見通しで、「入学大学」のみで冷徹に判定を下すのだ。

衝撃的かもしれないが、「自己PR」と「志望動機」は、入学大学が審査基準をクリアした場合に限り、気休め程度に目を通すだけだ。

転職活動についても基本的には同じで、採用側の本音は「入学大学」と「年齢」以外に興味はないのだ。

なぜ「入学大学」がそこまで評価されるのかと言えば、それを獲得するのにいちばん時間がかかるからである。

仮に18歳で一流大学に合格して入学したとすれば、生まれてから18年間の集大成が、入学大学と判断されるわけだ。

編入や〝学歴ロンダリング〟は、せいぜい数ヶ月程度で、そして英語検定やB級資格はせいぜい数年程度の勉強で取得できるのに対して、入学大学は18年間の努力の賜《たま》物《もの》なのである。

あなたが今、大きな夢があってそれを叶えたいのであれば、過去の栄光は極めて大切だ。

人は概して継続することがとても苦手な生き物だ。だからこそ、10年以上継続している〝何か〟を持っている人間は、それだけで信頼される。

これまでの人生を振り返り、過去の栄光を書き出してみて、「自分も意外にやるじゃないか」と思えれば、自分が好きになるし、身体の芯からやる気もみなぎってくるだろう。

「これはしょぼい」と自分が赤面したら、今この瞬間から、栄光を創り上げればいい。

10年継続できる〝何か〟を持つと、必ずあなたは「自分が好き」になることができる。

欠点こそが、あなたの武器。
欠点のおかげで、うまくいったことを思い出す。

断言してもいいが、欠点というのは、あなたの武器である。

これは詭弁《きべん》でも何でもなく、欠点は本当に才能なのだ。

ただし、声を大にしてあなたに伝えておきたい注意点がある。

一人前の前段階である未熟者のうちは、できるだけ欠点を克服しておくことだ。

未熟者の分際で欠点が多過ぎると、そのまま権力者たちに抹殺され、永久追放になる可能性が高いからである。

冗談ではなく、私はそうやって未来の種が摘まれるのをこれまでに数え切れないほど社内外で目にしてきた。

未熟者で弱者のうちは、謙虚に欠点を克服して、抹殺されないようにしておくことだ。

そのうえで盤石《ばんじゃく》な基盤を築き、虎視眈々《こしたんたん》とチャンスを狙っていけばいい。

スポーツの世界ならスタメン、サラリーマン社会なら同期のなかでトップ水準の評価を受けて、レギュラーメンバーとして認められるようになった頃、いよいよあなたの欠点を活かすのだ。

「長所と短所は表裏一体」とはまさにその通りで、光の当たる角度を変えるだけで短所は一瞬にして長所になるのだ。

これにはちょっとしたコツがあって、これまでに自分の欠点でうまく事が運んだ出来事を思い出し、それを仕事にアレンジして応用するのだ。

一般に「短気は損気」と言われるが、概して短気な人には頭の回転の速い人が多い。より正確には、頭の回転が速い人は、かなりの確率で短気である。

私の知る限り、高級ホテルの一流と評されるスタッフは、概して超短気な人間が多い。

超短気だから、お客様がイラッとする前に自分がイラッとして、先回りしてサービスができるというわけだ。

クレームが発生しても、お客様よりもお客様の立場になって、もっと腹を立てることができるから、クレームも収まってしまう。

つまり、仮にあなたが短気で悩んでいるとすれば、頭の回転の速さを武器にして生きると成功しやすいというわけである。

また一般に口下手はビジネスに不利だと思われているが、概して完全歩合制の世界でのトップセールスは、口下手な人が多い。

もちろん口下手な人が口下手なまま成功するほど世のなかは甘くはないが、根っから口下手な人が一生懸命に説明してくれると、相手は全幅の信頼を寄せるものなのだ。

つまり住宅や高級車、高額な生命保険なども、口下手なほうが売れやすく、とりわけ個人向けの高額商品は、弁舌爽《べんぜつ》やかな人間よりも、口下手だけど努力家という印象を与えたほうが売れる。

そう考えると、口下手は欠点などではなく、むしろ人に信頼されやすい武器として活かすべきであるということに気づかされるだろう。

ちなみに、超一流の詐欺師は、あえて口下手を装ってカモに近づいてくるものだ。

欠点を武器にして磨き込むことで、生涯あなたの身を助けてくれるのだ。

凹《へこ》んだとき、あなたの魂が共鳴できるような
本・人・音楽・映画を、発掘しておく。

こうして本を読んでいるあなたには、きっとお気に入りの本・人・音楽・映画があるだろう。

それはとても幸せなことだ。

凹んだときに復活できる何かがあると、それだけで人は強く生きていくことができる。

たとえば私の読書デビューは大学入学後だったが、本を通して言葉の力というものの偉大さを教わった。

どうしてこんな紙切れに掲載されている単なる文字の羅列が、人をここまで蘇らせることができるのだろうと不思議に思った。

次第に言葉には魂が宿っていることに気づかされ、「言霊《ことだま》」という言葉にも出逢った。

誰かが発した言葉には、その誰かの生命が吹き込まれているのだ。だから魂同士で響き合うというわけである。

これは人と話したり、音楽を聴いたり、映画を鑑賞する際にもそのまま当てはまる。

それらはすべて人間が発したものであるから、発信者の魂が宿っているのだ。

それにあなたが共感したということは、魂が共鳴し合ったということである。

共鳴し合えなかったものは駄作かと言えば、そんなことはない。

なぜなら、複数のプロたちがそれを評価したから世に出たわけであり、誰にも評価されなければ世に出ることはなかったからである。

共鳴し合えなかったということは、今は出逢うべきタイミングではなかったと考えるべきだ。

このように謙虚な姿勢になることで、あなたはより多くの知恵や知識を吸収できるようになるし、数年後や数十年後に運命のタイミングが巡ってくる可能性もあるのだ。

私がこれまでに出逢ってきた長期的な成功者のなかには、ひどく落ち込んだら必ず映画『ロッキー』のテーマ曲を何度も聴くという人が複数いたし、映画『ショーシャンクの空に』を鑑賞し直すという人もたくさんいた。

私が本好きだったということもあるだろうが、ほぼすべての長期的な成功者たちには、自分だけの〝復活本〟があり、それをこっそり教えてくれたものだ。

世間では名著と言われているわけでもなければ、ベストセラーになったわけでもない本も多かったが、そんなことはどうでもいいのだ。

あくまでも自分にとっての〝復活本〟であればいいのだから。

また、この人と話をするとホッとするだとか、この人に会うと元気になるという相手に人生で出逢うのも幸運なことだ。

長期的な成功者には、専属の占い師や霊能者、お抱えの弁護士や経営コンサルタントがいることも珍しくない。

それは相手のスキルに期待するのではなく、自分の〝復活〟を期待してのことである。

筋肉も人生も、正比例には成長しない。
だから奥が深いのだ。

筋トレをしていれば誰もが気づくことだが、初期のうちは順調に発達するものの、まもなく成長がストップする時期が訪れる。

たいていは筋トレをはじめてから3ヶ月後くらいで、この壁にぶつかることが多い。

勉強と同じで、努力と成績はきれいな正比例のグラフを描くわけではなく、不連続関数で階段状に成長していくのだ。

ちゃんと最新の理論に則って筋トレをしているし、バランスを考えた栄養も摂取している。そのうえ、毎日たっぷり睡眠も確保しているのに、しばしば記録が落ち込むことも珍しいことではない。

だから筋トレは奥が深いのだ。


すでにあなたはお気づきかもしれないが、これは人生と同じである。

筋肉も人生も不連続で、あっちへうろうろ、こっちへうろうろしながらも、ぎこちなく成長していく。

単純な正比例で成長するものは、底の浅い偽物であり、不連続でしか成長しないものが、奥の深い本物だと考えておけば間違いない。

今回はじめて公開するが、私は新卒の就活で課された作文で、たとえお題が何であろうとも、すべてこの「筋肉と人生の成長過程」について書き続けた。

あらかじめ用意しておいたネタを5分ほどで一気に書き上げてしまい、残りのあり余った時間で、ラスト3行を優雅にお題に繋げるだけだった。

お題が「金融ビッグバン」であろうが「BIS規制」についてであろうが、そんなのはお構いなしだった。

冒頭で「金融ビッグバンと聞いて私が最初に思い浮かべるのは、筋肉の成長過程だ」「BIS規制と言えば、やはり筋肉の成長過程について触れないわけにはいかない」と、ほぼ強引に1行で結論を述べる。

そして2行目以降は、業種業界問わずに全社共通の定型文をそのまま書きなぐる。

採点者に「いきなり筋肉の話をはじめたけど、コイツ大丈夫か？」と思わせておきながら、ラスト3行で見事にお題に繋げてつじつまを合わせれば、「コイツ、やるじゃないか！」と評価が上がることを狙ったのだ。

それだけで連戦連勝だったのだから、結果的には私の戦略は正しかったわけだ。

さて、ここで大切なことは、階段状に不連続に成長するのは、筋肉や人生だけではなく、森羅万象に当てはまるということである。

だからこそ、私はラスト3行ですべてに繋げることに成功したわけである。

世のなかはあなたの思うように進まないものだし、期待はたいてい裏切られるものだ。それでも長期的視野に立てば、全体としては正のスパイラルを描きながら、ゆったりと成長してはいるのだから、今、停滞期だと思っている人は、どうか自分を好きになって、成長期が来るのを待ってあげてほしい。

あなたの遺伝子は、約７００万年の人類の歴史を
生き延びてきた奇跡だ。

諸説はあるが、宇宙が生まれて約１３７億年だと言われる。地球が生まれたのは約46億年前だと言われている（そう考えると人の一生である約80年というのは、まさに刹那《せつな》だ）。

人類が生まれたのは今から約７００万年前で、「猿人」と呼ばれる祖先だ。その後、約２４０万年前に「原人」に進化し、約60万年前に「旧人」に進化した。現在の人類の直接の祖先になるのが、今から約20万年前の「新人（ホモ・サピエンス）」と言われている。ラスコー洞窟の壁画の例に見られるように、この時代にはすでに芸術や宗教も存在していたようだ。

つまり、あなたの遺伝子は、原子や粒子レベルまで遡《さかのぼ》ると、宇宙の誕生からカウントすると１３７億年前、地球の誕生からカウントすると46億年前から存在していたことになる。

人類の誕生からカウントしても、あなたの遺伝子は約７００万年もの間、立派に生き延びてきたことになるのだ。

メソポタミア文明も、卑弥呼の時代も、聖徳太子の時代も、藤原道長の時代も、応仁の乱も、織田信長の時代も、明治維新も、第2次世界大戦も、それらすべてを生き延びてきたのが、あなたの遺伝子なのだ。

少し考えてみると、これはとてつもなくすごいことではないだろうか。

あなたが今、この世に存在して本書を読んでいるというのは、まさに奇跡なのだ。

さらにはあなたの両親が出逢い、あなたをこの世に生んでくれたというのもまた天文学的な奇跡である。


ある生物学者が一人の人間がこの世に生まれる確率を計算したところ、何度も連続で宝くじの一等賞に当選するくらいの奇跡だと述べていた。

だから、どんな大失敗をやらかしても、学校で仲間外れにされても、志望校に不合格になっても、就活で不採用になっても、会社で同期より出世で遅れても、そんなことはどれもあなたが授かった奇跡と比べれば、些細《ささい》なことだと思わないだろうか。

少なくとも700万年前からあなたの遺伝子が生き延びてきた証《あかし》として、あなたはこの世に存在するのは間違いないのだから、まずはその事実を受容し、そして深く感謝することだ。

夏目漱石と森鷗外という文学界の二大巨頭は、いずれも「自然の力」を畏《おそ》れていた。それは人知を超えた何かがこの世に存在することを認めていたからだろう。

漱石は未完の大作『明暗』の執筆中、「則天去私《そくてんきょし》」という、自然に身を委ねて私心を捨てるという心境に達したと言われるし、鷗外が歴史小説のなかで「自然」という言葉を使っていることからもそれがうかがえる。

我々は誰もが例外なく〝宇宙の歴史137億年〟から引き継ぐ「自然の摂理」を味方にしているのだから、何があっても大丈夫なのだ。

やるだけやったら、自然に委ねよう。

第4章

自分がどんどん好きになる習慣

束縛された人生を生きないためにも、
10年継続できるものに出逢う。

継続することの大切さはこれまで散々述べてきたが、ではどうすれば継続することができるのだろうか。

その答えは、あきれるほどにシンプルである。

継続できるものに出逢うまで、どんどん三日坊主のコレクションをすればいいのだ。

これは冗談ではなく、私が継続力のある人たちからこれまで直《じか》に教わってきたことだし、私自身もそうしているから間違いないのだ。

別に無理に3日も続ける必要もないくらいだ。

1日でやめたければ1日でやめればいいし、2日でやめたければ2日でやめればいい。

むしろ継続してはいけない。

無理に「継続せねばならない」と自分で自分に強制すると、逆にやる気を失う。

それは、あなたの本能が束縛されることを拒んでいるからだ。

誰かの奴隷としてではなく、人生の主人公として誇り高く生きるために、あなたの本能が、あなた自身を束縛するものに嫌悪感を抱いているのである。

ひたすら自分の本能のおもむくままに、三日坊主のコレクションを継続すればいい。三日坊主のコレクションは、1年間で約100回チャレンジできるから、たいていの場合、1年以内に10年継続できるものに出逢うものだ。


あなたも経験すればすぐにわかるが、10年継続するのは根性ではできない。

あなたの性質にピッタリと一致したものが10年継続できるものであり、それはあなたにとって、とても自然なものであるはずだ。

別に努力しているわけでもないのに、洗顔や歯磨きのようにあなたの習慣になる。

「やらないとどこか落ち着かないこと」が、10年継続できるものなのだ。


いかがだろうか。

もし今のあなたに10年継続できているものがなかったとしても、何やらできそうな気になってきたのではないだろうか。

その直感は、完璧に正しい。

今から答えをお伝えしておくと、10年継続できるものに出逢うと、自分のことが大

好きになる。それはお約束する。

そして、何でもできるような自信が満ちてきて、他の分野でも10年継続してみたくなるし、10年とは言わず20年や30年、一生継続してみたくなるのだ。

良い隠し事を持つ。
これだけで、あなたの表情は柔らかくなる。

「隠し事」と聞くと、誰もが悪いことをイメージするに違いない。

だが、良い隠し事だって存在するはずだ。

名家出身の元総理大臣は、オフィスの洗面所が濡れているのを見ると、誰も見ていないのを確認してからサッと拭《ふ》いていたという。

さすが名家出身だけあって、お洒落だ。

善行というのは、常にこっそりとするものであり、公言したとたんに、それは悪行になってしまうのだ。

あなたもこれを見習ってはいかがだろうか。

こっそりと善行をして、たまたま通った警察官に怪《あや》しまれるくらいでちょうどいい。

こうした良い隠し事を持つと、１００％の確率で、良いことが２つ起こる。

ひとつ目は、良い隠し事を習慣にしているうちに、必ずいつか誰かにあなたの善行がうっかり見つかってしまうのだ。

そうすると、これ見よがしに善行をしているよりも、ずっとあなたが素晴らしい人間と評価されるはずで、あなたの評判が一気に上がるのだ。

これが同じ組織内であれば、もはや一生あなたの評価は下がらないだろう。

もうひとつは陰で善行を積み重ねることによって、あなたの表情が凛々《りり》しく、柔らかくなっていくことだ。

人の表情というのは、表で何をやっているかではなく、裏で何をやっているのかで決まるからである。

だから、表面上はいくら善人でも、人相の悪い人は信用してはいけないのだ。

自然の摂理が、人間に警告をするために、裏で何か悪いことをしている人間の人相を悪くしてくれているのだ。

つまり、人相の良い人というのは、この逆である。

表面上はたとえ取っつきにくい人でも、裏で良いことをしている人は、人相が良いものだ。

裏で良いことをしている人で、悪い人間は一人もいない。

あなたも人相を良くしたければ、今日からより一層、人にばれないように善行を積み重ねるに限る。

表情だけではなく、あなたの全身から醸し出されるオーラが凛々しく、柔らかくなってくるだろう。

そうなるとあなたはより一層、「自分が好き」になるし、人からもお金からも好かれるようになるというわけだ。

なぜなら、お金はいつも人が運んでくるものだからである。

どうしても好きになれない相手とは、絶縁する。

義務教育で教わったこととはまるで違うと驚くかもしれないが、あなたが嫌いな人間とは、絶縁していい。

「嫌いな人間から学ぶこともある」と美辞麗句を並べ立てる人もいるかもしれないが、それなら好きな人から学んだほうがいいに決まっている。

なぜ人には好き嫌いがあるかと言えば、好きなものと一緒に過ごし、嫌いなものとは一緒に過ごさないためである。嫌いなものには、もちろん嫌いな人間も含まれる。

あなたの本能や自然の摂理が、「どうしても好きになれない相手には近づいてはいけません」というメッセージを発してくれているのだ。

そして、好きになれない理由なんて、いらない。

嫌いな理由が「顔つきが嫌い」とでも言おうものなら教師を怒らせそうだが、顔つきが嫌いというのは、極めて自然の摂理に則った正しい判断基準なのだ。

顔つきが嫌いな相手とは、たいていの場合は性格も合わないものだからである。

その人の本質が露呈したものが、顔つきなのだ。

だから、顔つきが嫌いというのは、十分に相手を嫌っていい正当な理由になる。

もちろん顔つきだけではなく、身体つきや性格でも、どんどん人を嫌っていい。

こうして嫌いな人を自分の人生からどんどん排除していくと、自分にとって完璧な環境が築けるのだ。

何を隠そう、私がこれまで数々の長期的な成功者たちから薫陶《くんとう》を受け、自分自身でも確認したのだからこれは間違いない。

正直に告白すると、最初の頃は「こんなに嫌いな人たちを排除し続けていると、いずれバチが当たるのではないか」と、珍しく弱気になったものだ。

ところが現実はまるで違った。

なんと私の周囲から嫌いな人たちを排除すればするほどに、私の運気は急上昇し続けたのだ。

そのうち「これは完全に自然の摂理に則った行為であり、後ろめたいことは何もない」という確信へと変わった。

自分で言うのもなんだが、私は決して好き嫌いが激しいほうではない。

学生時代から今日まで、周囲からそう言われ続けてきたから、ほぼ間違いないと思う。

それでもごく稀《まれ》に、どうしても好きになれない相手は出現するものだ。

そんなときにはシュパッと絶縁することにしている。

別に私に絶縁された相手が不幸になるわけでもなく、私が絶縁することで、私と同様に幸せになっている人もいるようだから、きっとこれでいいのだろう。

あなたの周囲から嫌いな人々を一掃するだけで、あなたは確実に幸せになって「自分が好き」になることをお約束する。

儲かるけど、嫌いで仕方がない仕事を、断ってみる。

意外に語られないのだが、長期的な成功者たちが人生を一変させたきっかけは、すべて似ている。

それは儲かるけれど、嫌いで仕方がない仕事を、思い切って断ってみたことだ。

私はサラリーマン時代と独立してからそれぞれ一度ずつ、これを経験して人生のステージを上げている。

やればたくさんお金をもらえるけれど、「あれ？　俺、幸せじゃないな」と強烈な疑問が湧《わ》いてきて、次の瞬間断っていたのだ。

理不尽で大嫌いな大口の顧客を切ることで、実はより儲かるようになるのだ。

ただ、客観的に見てあなた自身が理不尽で、相手を一方的に嫌っているという場合は、この限りではないが。

私が断ることによって運気を向上させる方法を学んだのは、ソニー創業者の盛田昭夫氏のエピソードからだった。

盛田氏はソニーの世界進出のためにアメリカに出張していたのだが、10万台のトランジスタ・ラジオのオーダーを断ったのだ。

「無名のお宅では売れないから、うちの商標をつけるのなら」という条件で、10万台のトランジスタ・ラジオの受注の話があったのだ。

当時のソニーの規模から考えると、これはあり得ない決断で、ソニー本社の経営陣からはブーイングの嵐だった。

だが盛田氏は創業当初から「他社の下請けにだけはならない」と固く決めていた。

これを機に、ソニーはメキメキと頭角を現し、ウォークマンなどのヒット商品を飛ばして世界最大のエレクトロニクス企業になった。

さらに、それ以前に盛田氏はもう一つ人生を大きく変える決断をしている。

それは十数代の伝統を誇る由緒正しい実家の酒造業を継ぐのを断っていることだ。

そのまま家業を継いだら裕福な人生が約束されていたにもかかわらず、彼は終戦直後の1946年に、東京の日本橋で東京通信工業（ソニーの前身）を立ち上げたのだ。

これもまた、自分の心に素直に従って断ったことで、運気が上がったのだろう。

あなたも試しに歴史に残る成功者たちを調べてみればいい。必ず人生の分岐点で嫌だと思っている何かを断っていることに気づかされるはずだ。

松下幸之助、本田宗一郎は言うまでもなく、コペルニクスやエジソン、ライト兄弟、坂本龍馬……揃いも揃って「ここぞ！」というタイミングで、断っているのだ。

嫌なことを断ってみると、必ず自分に自信がみなぎってくる。

自信がみなぎってくると、人生にやる気が満ちてくる。

嫌なことをやる時間がなくなるから、大好きなことに思う存分時間を割けるというわけだ。

これで「自分が好き」にならないはずがない。

「友だちは、いらない」と腹をくくる。

「友だち100人できるかな〜♪」という歌が昔あった。

みんながそれに洗脳されていたのだろうか、友だちは人生でいちばん大切なものであり、友だちがいなければ人間ではないと言わんばかりの風潮まであった。

親や教師も「友だちだけは、大切にしなさい」と繰り返し説いていた。

ところが実際にはどうだろう。

飛び抜けて優秀な同級生だとか、飛び抜けて容姿の優れた生徒というのは、たいてい孤独だったのではないだろうか。

なぜ卓越した人間は孤独になるのかと言えば、優れた遺伝子を授かった加害者だからである。

卓越した人間というのは、ただそこに存在するだけで、無意識のうちに周囲を傷つけている存在だから加害者なのだ。

その証拠に、授からなかった圧倒的多数の被害者たちは、加害者を指差して嫉妬し、いつも群れて騒いでいただろう。

これが授からなかった被害者たちが「友だちだけは、大切にしなさい」と主張する所以《ゆえん》なのだ。

被害者本人たちすら気づいていないが、より正確に翻訳すると「あなたは被害者なのだから、群れてヒソヒソ話をする仲間を確保しておきなさい」というのが真意なのだ。

社会人になってもこれは同じで、どこか卓越した人材は、仲間と群がって騒いではいなかった。

つまり、友だちが少ないのは恥ずかしいことだと叫んでいる連中は、自分がその程度の人生しか歩んでこられなかったから、自分の価値観を強要していただけだったのだ。

私はこれまで様々な組織に入り込んで経営コンサルティングをしてきたが、組織内で飛び抜けて有能な人材は、１００％の確率で、誰もが孤独だったと断言できる。

それも悲壮感の漂っている〝孤立〟ではなく、自ら選んだ〝孤独〟だった。

孤立とは周囲から見放されてしまった状態であり、孤独とは自ら群れを抜け出して自分の世界観を保っている状態である。

これに気づいた私は、もちろん孤独を選んだ。

孤独になれば、自分が自分の親友になれるし、膨大《ぼうだい》な時間も生まれる。
膨大な時間で自分の技を磨き込むと、ますます「自分が好き」になる。
孤独に徹して本気で自分の技を磨き続ければ、必然的にいずれ世に出るだろう。
あなたが世に出れば、否が応でもあなたを慕って集まってくる仲間が出現する。
すべては「友だちはいらない」と腹をくくって、己を磨き続けた結果である。
あなたも一度、声に出して言ってみよう。
「友だちは、いらない」
ようこそ、こちらの世界へ。

仕事も人間関係も、〝ドーピング〟しない。
それはただの痛々しい人。

SNSで「登録者数」や「いいね！」をお金で買っている人は多いが、何がいちばんダサいのかと言えば、それが自分以外の全員にばれていることだ。

自分は大物になったつもりかもしれないが、はたから見たら「実に痛々しい人」というレッテルを貼られていることに早く気づくべきだ。

経歴や実績と、その数字のバランスが取れていないのだ。

仕事の実績でもこれは同じで、これまで何十万人、何百万人を相手に何かをやったと「人数」をウリにする人は多いが、よく見ると経歴も実績もお粗末だったりする。

だから、せっかくの何十万とか何百万という数字が、限りなく嘘に見えてしまうのだ。

それなら、医師免許を持った真っ当な精神科医が、累計で数千人とか数万人を診断してきたと言うほうが、はるかに信頼できる。

あるいは、ちゃんとした経歴や国家資格の持ち主が、「ゼロからスタートしました！」と正直に謳《うた》うほうがずっと信頼できる。

たとえば私のプロフィールの真似をして、「3300人のエグゼクティブ」というのを「4500人の経営者」に置き替えても、それ以外のスペックがダサければ、何ら意味はないのだ。

それどころか、そのバランスの悪さが際立って、むしろ逆効果になってしまうのだ。

あらゆる仕事も人間関係もこれは同じで、お手軽に〝ドーピング〟しないことだ。

本物はすべて有機的に結びついているから、一部分だけ無機質に切り貼りすると、逆に欠点が浮き彫りになってしまうのである。

もしそんな相手があなたに「おいしい話」を餌《えさ》に近づいてきたら、それはもう確実に詐欺だと考えなければならない。

桁違いに分不相応な仕事があなたに依頼されることは、どこかおかしいと違和感を持つことが大切だ。

特に何も継続して準備をしているわけでもなく、現在のあなたの実力も卓越しているわけでもないのなら、あなたには特別な出逢いもチャンスも訪れることはない。

実力もないうちに特別な出逢いやチャンスが訪れてはいけないのだ。

なぜなら、仮にラッキーでチャンスをつかめたとしても、それをつかみ続ける実力がないからである。

容易にお手軽なドーピングに逃げるのではなく、虚心坦懐に分を知り、粛々《しゅくしゅく》と実力をつける以外に、特別な出逢いやチャンスが訪れることはないと考えよう。

ドーピング野郎には、さらにダサい連中しか集まってこない。

少なくともあなたにだけは、現実逃避してダサい人間にはなってもらいたくない。

それは、「自分が好き」になれない行為なのだから。

「これは、負けていい」

そういう分野をまず決めることが、成功の秘訣。

戦略とは、何を捨てて、何を活かして、どこに向かうのかを決めることだ。

つまり、戦略を決めて最初にやらなければならないのは、「捨てること」なのである。

あなたの人生において「この分野は負けてもいい」という分野を、まずは決めてしまうことだ。

たとえば、世界最速の男と言われるウサイン・ボルトは、現役時代にはフルマラソンを捨てていたはずだ。

まさか100mのスプリンターの時代に、こっそりフルマラソンに備えたトレーニングもしていたということはないだろう。

それは無意味であり、また人生を台無しにする行為だからである。

あるいは、同じ理由でフルマラソン選手のなかで、本気で力士を目指している人はいないだろうし、その逆もきっといないだろう。

もしいたとしたら、その人は何も成し遂げられない人生で幕を閉じることになる。

すでに述べた通り、私の人生は負け続けだったから、いくらでも捨てる分野があった。

やるだけやって捨ててきた結果が、今日の私の人生を創ったのだ。

何かに打ち込むのは、成功するためというよりも、捨てるためだったと言ってもいい。

まずはきちんと打ち込まなければ、捨てるものを決められないからである。

捨てるというのは、どこか暗いイメージがあるが、そうではない。

それは心も身体も軽くなるということであり、次のステージに進むことができるチャンスだと考えるべきである。

私はこれまで1万人以上のビジネスパーソンたちと対話をしてきたが、成功する人とそうでない人の違いは、たった一つしかなかったと思う。

それが「捨てることができるかどうか」なのだ。

仕事も人間関係もいかに潔く捨てられるかで、それらがうまくいくかどうか、決まるのだ。

いつまでも現状維持や安定に執着していた人たちは、その後、例外なく仕事も人間関係も腐敗していた。

人生で成功するためには運が不可欠だが、その運を引き寄せられるか否かは、現状維持や安定に対する執着を、思い切って手放せるか否かなのだ。

これだけは断言してもいいが、いつまでも執着して手放せない人間は、絶対に幸運をつかむことはない。

本気で幸運をつかみたければ、やるだけやってバッサリ捨てる覚悟を持つことである。

それができると、潔い自分が好きになる。

自分が好きになって精気と運気がみなぎってきたところで、成功にグンと近づくのだ。

奇跡が起こるのは、いつだって執着を手放した瞬間なのだ。

自分を愛せる深さと、他人を愛せる深さは一致する。

他人を愛したければ、まずは自分を愛さなければならない。

巷《ちまた》の自己啓発書や道徳の教科書に載っているようなきれいごとを抜きにすると、世のなかの本音は、自分がいちばん大切であり、自分が満たされてはじめて、他人を思いやる余裕が生まれるということである。

どんな偉人でも、建前ではなく本音で語り合えば、これにはもう例外はないのだ。少なくとも、人の行動をきちんと観察していれば、間違いなく誰でも自分がいちばん大切だということがよく理解できる。

それは揺るぎない人間の本能なのだから、もはや抗《あらが》うことはできないのだ。ということは、無駄な抵抗をしないで、ちゃんとこの本能に従ったほうが幸せになれるということだ。


まずは「人は自分がいちばん大切」という事実を受容して、正々堂々と自分を大切にすることである。

自分を大切にするということは、自分を好きになるということからスタートする。

すでに本書では「自分が好き」になる方法は語り尽くしてきたから、それらを参考にしてもらうとして、「自分が好き」になると、自然に自分を大切にするようになる。

自分を大切にするということは、自分を愛するということだ。

自分の健康を管理したり、自分の能力向上のために勉強したり、運動して自分の肉体を改造したりするのは、すべて自分を愛する行為である。

自分をとことん愛し尽くすと、次第にコップから水があふれるように、愛情があふれて、他人におすそ分けしたくなるのだ。

これが他者を愛するということだ。

自分を愛せない人間が、他人を愛することは不可能なのだ。

これはナルシシストとは違って、自分という人間を、まるで他人のように愛するという一種の敬意なのだ。

自分という命を愛せない人間は、自分以外の他の命も愛せない。

だから「私なんかどうでもいいから……」を連呼する人は、もしそれがその人の本心であれば、実は他人もどうでもいいのである。

自分というちばん身近な命さえ大切にできない人間が、自分ではコントロール不可能な他人の命を大切にできるはずがないではないか。

自分を大切にできる人だけが、他人を大切にできる人であり、他人を大切にできる人は、自分を大切にできる人なのだ。

正々堂々と、自分を好きになろう。

第5章

「自分が好き」な人が、人生を愛せる

結局のところ、最高の親友は、自分。
それを認められるかどうか。

すでに語り尽くされた感もあるが、人は一人で生まれてきて一人で死ぬ。

本質的に人は誰もが孤独なのだ。

もともと野生の動物として生きるには、人は中途半端な肉体しか授かっていないから、群れて行動し、卓越した頭脳で言葉や道具を生み出し、社会を発達させたわけだ。

ところが、時代は進化し、必ずしも群れる必要はなくなった。

もちろん間接的には人は支え合わなければならないが、直接的にこれ見よがしに支え合わなくても、生きていけるようになった。

これからAIがより一層進歩して世のなかに浸透してくると、農業や料理、さらには医療さえも、人が直接やる必要はなくなるだろう。

もちろん〝こだわりの〟という謳い文句で、細々と人の手による作業はいくつか残るかもしれないが。

時代の流れとしては、直接的に群れる必要はなくなっているということである。

SNS上での繋がりはこれからも続くだろうが、それはあくまでも間接的な繋がりだ。

「ネット上のバーチャルな繋がりではなく、生で人と触れ合うことが大切だ」という社会学者や教育学者がいるかもしれないが、時代の流れには逆らえないだろう。

過去にどれだけ大切にされてきたものでも、多数決で次の時代に不要と判断されれば、淘汰《とうた》されるのは自然の摂理なのだ。


そう考えるとこれからの時代を生き抜く答えは一つである。

最高の親友は自分であることを、正面から受容することだ。

実はこれはあらゆる生物において普遍のルールなのだが、それをもう一度これからの時代が思い出させてくれるというわけだ。

私も学生時代やサラリーマン時代には、それなりに群れていたこともある。

しかし「最高の親友は自分である」というこのシンプルな事実を受容したとたん、私の人生は一変した。

周囲への依存心が激減し、自分の潜在能力が一気に開花した。

「嗚呼、これが選ばれし優秀な人間の気持ちだったのか……」と、自分の全身の細胞で感動を享受した記憶がある。

つまらない連中と群れている時間が、スローモーションの自殺のように思えた。

群れて騒ぐのは、寿命をドブに捨てる行為だと確信した。

畢竟《ひっきょう》、最高の親友は自分なのだ。

これを心底理解して、悠々《ゆうゆう》と孤独に生きていると、自然の流れで同じく孤独に生きている勇者と必然的に出逢うのだ。

それが真の親友であり、仮に直接出逢わなくても、陰で必ず応援してくれている。

そういう人生を、私は歩みたい。

親・教師・上司に逆らってやったことだけが、
あなたの人生だ。

思い返してみれば、その時点での絶対的な権力者と思った相手に逆らったことが、その後の私の人生を変えてきた。

進学や就職のときには、親や教師、そして周囲の大人たちが猛反対する選択肢を喜々として選んできたし、現在こうした夢の執筆の世界に入ることができたきっかけも、数多くの上司たちの意向に逆らってきたおかげだ。

今の私があるのは、ひとえにこれまで権力者たちに逆らってやったことのおかげだと心から感謝している。

何か一つでも服従していたら、現在の私はなかっただろう。

もしタイムマシンがあれば、あの頃の自分に会って「よくやった！」と褒めてやりたいくらいだ。

それができたのも、ある成功者の本を読んで予習しておいたからだ。

その成功者の父親は東京帝国大学を卒業して外交官になり、見事に出世コースを歩み続けた。

定年後も天下り先は超一流どころばかりで、一躍富豪の仲間入りだ。

ところが引退後に、その父親がこう漏《も》らしたという。

「一度くらい自分の好きなことをやってみたかった……」

ちなみに、その成功者も東京大学を卒業しているが、父親と違い役人にはならず、周囲の反対を押し切って民間企業を転々とし、現在は財界人の一人として活躍している。

ここで私はその成功者が幸せで、成功者の父親は幸せではないという話をしたいのではない。

どちらも素晴らしい人生だと、心の底から尊敬の念を抱く。

ただあなたもご存じのように、人生は一度きりだ。

一人の人間が二つの人生を歩むことは、今のところできない。

だから、私は偉い人になる人生を捨てて、好きなことをする人生を選んだというだけだ。

拡大する人生を捨てて、深く掘る人生を選んだのだ。

ひょっとして、真面目なあなたは、これまでに一度も権力者の意向に背いたことがないかもしれない。

一度も権力者に逆らったことのない人にとって、それは難易度が高いことはわかる。

しかし、これぱかりはコツではなく、生涯一度きりのあなたの勇気しかない。

この生涯一度きりの勇気を持てるか否かの差が、あなたの人生を大きく左右することになる。

一つだけこの世の真理を囁《ささや》いておくと、自分の人生の責任を取るのは、100%自分自身であるということだ。

成功したら自分のおかげ、失敗したら自分の責任である。

親・教師・上司に逆らってやったことだけが、あなたの人生なのだ。

他人の決断で成功するより、
自分の決断で失敗する。

サラリーマン時代に私が「これは危険だな」と直感したのは、仕事のほとんどが他人の決断でやっているということだった。

しかも、本人たちはそれに気づいておらず、自分の実力だと完全に勘違いしている。

「結局、サラリーマンの仕事なんて、99％が看板のおかげですから」と自嘲《じちょう》気味に言うサラリーマンは多いが、それは間違いである。

サラリーマンの仕事は、１００％、それも一点の曇りもなく、会社の看板のおかげなのだ。

組織で生きている限り、当たり前と言えば当たり前なのだが、将来一国一城の主《あるじ》として独立するためには、そうした〝猫だまし〟のスキルは何の役にも立たない。

否、むしろ悪影響である。

これまた爆弾発言になるかもしれないが、私が独立する2年ほど前には、会社の看板が邪魔になっていた。

会社の看板がないほうが、仕事も受注しやすかったし、相手にも一目置かれた。

その証拠に、独立してからは出身会社名をいっさい出していないのに、仕事は一向に途切れなかったし、大企業や一流の組織からの問い合わせが桁違いに増えた。

なぜそんな人生を歩むことができたかと言えば、理由は簡単である。

私は20代の頃から〝他人の決断で成功するより、自分の決断で失敗すること〟を貫いてきたからだ。

サラリーマンという仕組みは、組織と自分の駆け引きであり、一つの契約である。つまり、組織は20代の人間を稼げるように、そして従順になるように洗脳し、安月給で労働力を搾取しまくるということだ。

40代や50代以上の「仕事はできないけれど給料だけは高い層」を養うためだ。重役ともなれば毎日出社すらしない連中も多いだろう。これらはすべて、20代の労働力のおかげで成り立っているのだ。

それに対して、20代のサラリーマンは仮に無能で仕事が全然できなかったとしても、簡単にはクビにできないように法律で守られている。

法律というのは弱者を守るためにあるのだから、それでいいのだ。

さらには、その気になれば給料をもらいながら、組織の仕組みや顧客情報など、あなたは学び放題だ。会社の経営資源をしゃぶり尽くせるだろう。

会社側もそれなりに与えてやっているのだから、雇われる側もそれなりに与えなさいという発想が、「サラリーマン」という仕組みが成り立っている本質なのだ。

私もサラリーマン時代には、給料以上に、体験と知恵をもらいまくった。

質の高い体験と知恵をもらうためには、他人の決断で成功するのはなく、自分で決断して失敗しなければならなかった。

どんなに失敗しても、所詮《しょせん》サラリーマンだから、どうってことはない。

私もそれなりの利益を献上してきたのだから、お互い様というものだ。

その結果、私はますます「自分が好き」になり、今ここにいる。

あなたの心身は、自然界からの預かり物である。

17世紀に活躍したフランスの哲学者、ルネ・デカルトは、「物心二元論」を唱えた。

これは、広がりや重さを持つ物体と、人間の精神という心の働きの2つによって、この世のなかは存在しているという考え方である。

これをそのまま人間に当てはめたものが、「心身二元論」だ。

人間の精神である心を上位に据え、身体は単なる物体に過ぎないと見なし、下位に置いた。

要は人間が人間でいられるのは精神があるからであり、身体なんて精神を入れる器に過ぎないということである。

数学で登場したX軸、Y軸の直交座標系は、このデカルトが発明したものであり、別名デカルト座標系とも呼ばれている。

いかにも混沌《こんとん》としたこの世のなかに秩序を与えるのが得意な哲学者らしく、当時これは画期的な発明だった。

まさに天才の成せる業《わざ》であり、その後の近代哲学の礎を築いたのは間違いない。

もちろんこのデカルトの考えは極端であり、現代の脳死や臓器移植の問題を考えると間違いもある。精神と身体は繋がっており、切っても切れない関係にあることがわかっている。

だが私は思うのだ。

我々の身体は、やはり自然界からの預かり物であると。

我々の身体に精神も含まれているというのなら、精神もまた自然界からの預かり物なのだ。

その証拠に、我々の精神から生まれた書物や芸術作品などは、最後は必ず自然に還る。

たとえば私の本の著作権は「著作者が著作物を創作した時点から著作者の死後50年まで」と法で定められており、最終的には人類のものになり自然界に還るのだ。

個人で永遠に所有できるものなど世のなかに一つもないのだ。

精神も身体も、すべては自然界からのレンタルなのだ。

年を重ねるごとに身体が徐々に衰えるのは、デカルトの言うところの身体は物体なのだから、減価償却されるのと同じで当たり前のことだ。

精神も肉体も預かりものだからこそ、少しでもアンチエイジングして大切に扱おう。メンテをしていない高級車よりも、まめにメンテしている軽自動車や原付自転車のほうが絶対に長持ちするし、役割を果たし尽くせるだろう。

私は今回の人生で、後者を選んだというだけの話である。

軽自動車だろうが原付自転車だろうが、まめにメンテしていると、愛着が湧いてくる。

間違いなく「自分が好き」になれるし、預かり物の精神と肉体に感謝できる。

好きなことで人生を埋め尽くしている人は、
「ごめんね」と言える。

その人の人生が充実しているか、そうでないかの判別方法は、簡単である。

それは、きちんと謝罪できるかどうかだ。

偉いのに「ごめんね」と自分から言える人は、かなり手強いと考えていい。

その証拠に幼児やチンピラは、自分から「ごめんね」とはなかなか言えない。

ここ最近、自由奔放《ほんぽう》な世のなかになったためか、幼児やチンピラのように謝罪できない連中が急増中だ。

なぜ自分に非があるのに謝罪できないのかと言えば、自分に誇りが持てないからだ。

いくら売り逃げ商法で稼いでも、いくらマルチ商法で稼いでも、「これって本当の成功じゃないよね」と薄々自分でも気づいているのだ。

昔と比べると随分お手軽に成功者を気取れるようになったが、やはり社会はなかなか認めてくれないというわけだ。

その反動から、自分が偉そうにすることによって、尊敬される疑似体験を求めているのだ。

偉そうにするということは、威嚇《いかく》するということだ。

威嚇して相手を屈服させるのは、権威によって相手を従わせるよりも、はるかに偏差値の低い行為である。

こうして一度でも楽なほうに逃げるともう元には戻れない。

徐々に威嚇の効果が薄れてくると、ますます威嚇しなければならず、ついには犯罪に手を染めてしまうというわけである。


このような負のスパイラルに巻き込まれないためには、あなたの好きなことで人生を埋め尽くすことである。

あなたの好きなことで人生を埋め尽くすと、必ず感謝できるようになる。

それはそうだろう。

朝から晩まで好きなことだけで人生を埋め尽くし、終始ご機嫌でいられるのだから、感謝以外の感情はつい忘れてしまうほどだ。

次第に「こんなに好きなことばかりで人生を埋め尽くして、ごめんね」という気持ちになってくる。

つまり、感謝と謝罪の根っこは同じなのだ。

「ごめんね」には「ありがとう」が含まれており、「ありがとう」には「ごめんね」

が含まれているのだ。

私もこの場を借りて、あなたにお礼を述べたい。

「こんなに好きなことばかりやらせてもらって、ごめんね」

自分を赦せる人が、他人を赦せる。

私はこれまでに3000人以上のエグゼクティブ、1万人以上の人たちと対話をしてきたが、自分に厳しい人は、概して他人にも厳しかったと言える。

他人に厳しい人が必ずしも自分にも厳しいわけではなかったが、自分に厳しい人はかなりの確率で他人にも厳しかった。

そして自分に厳しい人たちが、その時点では成功していたように見えても、長期的には成功が続かないことにも気づかされた。

その理由は簡単だ。

自分に厳しくすることで、厳密な計画通りに一時的にはそこそこ出世を果たすのだが、人間は機械ではないからいずれ必ず、どこかでミスをする。

ところが、自分に厳しい人はそのミスをした自分が赦せないのだ。

どうしてもミスを認めることができずに隠蔽《いんぺい》する人もいるし、精神に異常をきたしてしまう人もいる。

「嘘つきは泥棒のはじまり」という言葉もあるが、あれはもともと自分に厳しくて、嘘をついたことがないような人にこそ当てはまるから要注意だ。

嘘をついたことがない人が、生まれてはじめて嘘をついたとき、激しい自己嫌悪に襲われて、さらにその嘘を嘘で塗り固めることになる。

これまで散々、他人に厳しくしていたから、周囲にも自分が嘘をついたことなどとてもではないが白状できないのだ。

最初に「ごめんなさい。あれは嘘でした」と認めておけば、確実に赦されていたのに、嘘を嘘で塗り固めているうちに、いつの間にか犯罪にまで発展してしまうというわけだ。

だから一流大学を卒業して、一流企業に入って、エリート街道一直線の人ほど注意が必要なのだ。

こうした地獄のスパイラルを歩まないようにする方法は簡単である。

まずは、自分を赦すことからはじめればいい。

他人を赦す前に、ちゃんと自分を赦してあげることだ。

どうしても赦せない他人がいても、そんな自分を責めないことだ。

その場合は、どうしても赦せない他人がいるという、そのあなた自身を赦してあげればいいのだ。

正直に告白すると、私にも赦せない人間がいた。

だが、そんな自分を赦すことで、どんな相手も赦すことができるようになった。

だから、真面目なあなたは他人が許せないと自己嫌悪に陥る前に、まずはそんなありのままの自分を赦してあげることだ。

自分さえ赦してあげれば他人も赦せるようになり、自分も他人も愛せるようになる。

最高の人生とは、あなたが輝ける場所を
見つけられること。
そこで生きられること。

これまでオリンピックの金メダリストや、大富豪と呼べるような長期的な成功者たちから直接教わったことを集約すると、「自分が輝ける場所で生きなさい」ということに尽きる。

これ以上の成功のコツは、きっとこれからも生まれないだろう。

金メダリストや大富豪は、努力の結果として成功したのではない。

きれいごとを抜きにすると、彼らは生まれ持った才能のスケールが、まるで違うのだ。

金メダリストになれるような逸材は、すでに幼少の頃から類稀な運動神経を発揮しているものだ。

大富豪になれるような逸材は、すでに先天的に脳の構造が凡人とは違っているのだ。

もちろん彼らはテレビや雑誌のインタビューでは、決してそんなことは言わない。

それどころか「努力に勝る才能はありません」「本当にすべてみなさんのおかげです」とお決まりの社交辞令でその場を切り抜ける。

「はじめに才能ありきですね。才能のないヤツはいくら努力したって無駄ですよ」

「すべて私の実力ですが、それが何か?」などとは誰も口を滑らせない。

そんな本音を言おうものなら炎上必至だし、所属協会から追放されかねない。

だが、きちんとした場所で、きちんと敬意を払って傾聴すると、彼らはちゃんと本音を教えてくれるものだ。

「自分が天才であることは、幼少の頃からすでに気づいていた」

「いつかはライバルに出逢えると思っていたのに、結局最後まで出逢えなかった」

「努力なんて感じたことは一度もありません。何をやっても周囲の何倍ものスピードで成長できましたから……」

以上は私が彼らから直接聞いた1次情報のほんの一部である。

私はこういう本音を教えてくれた彼らに対して、今でも心から敬意を払っている。

決して忘れてほしくないが、成功はきれいごとでは絶対に成し遂げられない。

世のなか、すべて才能ありきである。

才能がないのに成功しようなどと夢を見ると、先生に冷たくあしらわれ、授業料をむしり取られてポイ捨てだ。

無数の塾やお稽古事の教室が駅前の一等地に乱立し、全国展開している理由を、よく考えよう。

永遠に芽の出ない才能のかけらもないような生徒がわんさと通い続けてくれるために、それらの教室は商売繁盛し続けられるのだ。

才能のある連中は、授業料免除どころか、謝礼までもらってＶＩＰ待遇のはずだ。

ありのままの真実を述べると、これが世のなかの縮図である。

だからこそ、何が何でも、あなたは自分が少しでも輝ける場所を探し、ひたすらそこで生きるのだ。

そうすれば必ず自分が好きになるし、極上の人生が約束されるだろう。

たとえどんな不幸があなたを襲っても、
みんな最後は死ぬから大丈夫。

学校を退学させられた。

就活で内定が取り消された。

会社で左遷された。

交通事故に巻き込まれた。

親友と思っていた人間の連帯保証人になって、借金まみれの人生になった……。

いずれもこれまで私の身近な人たちが遭遇《そうぐう》した出来事ばかりである。

あえて人生でよくありがちな出来事を選んだ。

きっとあなたの周囲にも、この種の人たちは複数いるだろうし、ひょっとしたらあなた自身がそうした経験の持ち主かもしれない。

これらは他人事として考えると珍しいことではないかもしれないが、本人にとってはいずれもその時点で「人生が終わった」「人生最悪の事件」と思えるものである。

では、この人たちがその後全員不幸になっているかと言えば、決してそんなことはないはずだ。

なかにはこれらの不幸をバネにして、人生を好転させた人もいるのではないだろうか。

私の周囲では、約半分はこれらの出来事を機にますます不幸になり、残り半分は幸せになっている。

学校を退学させられた人は、その後大検に合格し、一流の国立大学を卒業しており、順調にエリートコースに乗っかっている。

就活で内定を取り消された人は、渋々弱小ベンチャー企業に就職したものの、頭角を現し、ストックオプションをガッポリもらって取締役になっている。

会社で左遷された人は、ふて腐れずに左遷先の子会社を急成長させ、見事に本社に返り咲いて、その後ＣＥＯになっている。

交通事故に巻き込まれた人は、保険会社に理不尽な対応をされたのを機に、猛勉強の末に司法試験に合格して、敏腕弁護士になって稼いでいる。

親友の連帯保証人になって多額の借金を背負わされた人は、サイドビジネスで稼いだお金ですべて完済し、その後サイドビジネスを発展させてお金持ちになっている。

あなたの人生に何が起こっても、それを機にプラスに転じるかマイナスに転じるか

はすべてあなた次第なのだ。

もっとハッキリ言ってしまおう。

たとえこの先、どんなことがあなたを襲っても、最後はみんな例外なく死ぬのだ。

そう考えると、どんなことでも大した問題ではないことに気づかされるはずだ。

形あるものはいずれ必ずこの世から消えるように、どんな偉人も独裁者も、いずれ必ずこの世から消える。

あなたも例外ではない。

あなたも私も最後は死ぬのだから、どんなことが起こってもドンと構えておこう。

ともに、大好きに生きようじゃないか。

千田琢哉（せんだ・たくや）

文筆家。愛知県犬山市生まれ、岐阜県各務原市育ち。

東北大学教育学部教育学科卒。日系損害保険会社本部、大手経営コンサルティング会社勤務を経て独立。コンサルティング会社では多くの業種業界におけるプロジェクトリーダーとして戦略策定からその実行支援に至るまで陣頭指揮を執る。のべ3,300人のエグゼクティブと10,000人を超えるビジネスパーソンたちとの対話によって得た事実とそこで培った知恵を活かし、“タブーへの挑戦で、次代を創る”を自らのミッションとして執筆活動を行っている。

著書は本書で160冊目。

ホームページ：http://www.senda-takuya.com/

■千田琢哉著作リスト
（2019年5月現在）


〈アイバス出版〉

『一生トップで駆け抜けつづけるために20代で身につけたい勉強の技法』

『一生イノベーションを起こしつづけるビジネスパーソンになるために20代で身につけたい読書の技法』

『1日に10冊の本を読み3日で1冊の本を書く ボクのインプット＆アウトプット法』

『お金の9割は意欲とセンスだ』

〈あさ出版〉

『この悲惨な世の中でくじけないために20代で大切にしたい80のこと』

『30代で逆転する人、失速する人』

『君にはもうそんなことをしている時間は残されていない』

『あの人と一緒にいられる時間はもうそんなに長くない』

『印税で1億円稼ぐ』

『年収1000万円に届く人、届かない人、超える人』

『いつだってマンガが人生の教科書だった』

〈朝日新聞出版〉

『仕事の答えは、すべて「童話」が教えてくれる。』

〈海竜社〉

『本音でシンプルに生きる！』

『誰よりもたくさん挑み、誰よりもたくさん負けろ！』

『一流の人生―人間性は仕事で磨け！』

『大好きなことで、食べていく方法を教えよう。』

〈学研プラス〉

『たった2分で凹みから立ち直る本』

『たった2分で、決断できる。』

『たった2分で、やる気を上げる本。』

『たった2分で、道は開ける。』

『たった2分で、自分を変える本。』

『たった2分で、自分を磨く。』

『たった2分で、夢を叶える本。』

『たった2分で、怒りを乗り越える本。』

『たった2分で、自信を手に入れる本。』

『私たちの人生の目的は終わりなき成長である』

『たった2分で、勇気を取り戻す本。』

『今日が、人生最後の日だったら。』

『たった2分で、自分を超える本。』

『現状を破壊するには、「ぬるま湯」を飛び出さなければならない。』

『人生の勝負は、朝で決まる。』

『集中力を磨くと、人生に何が起こるのか?』

『大切なことは、「好き嫌い」で決めろ!』

『20代で身につけるべき「本当の教養」を教えよう。』

『残業ゼロで年収を上げたければ、まず「住むところ」を変えろ!』

『20代で知っておくべき「歴史の使い方」を教えよう。』

『「仕事が速い」から早く帰れるのではない。「早く帰る」から仕事が速くなるのだ。』

『20代で人生が開ける「最高の語彙力」を教えよう。』

『成功者を奮い立たせた本気の言葉』

『生き残るための、独学。』

『人生を変える、お金の使い方。』

『「無敵」のメンタル』


〈KADOKAWA〉


『君の眠れる才能を呼び覚ます50の習慣』

『戦う君と読む33の言葉』


〈かんき出版〉

『死ぬまで仕事に困らないために20代で出逢っておきたい100の言葉』

『人生を最高に楽しむために20代で使ってはいけない100の言葉』
『20代で群れから抜け出すために顰蹙を買っても口にしておきたい100の言葉』
『20代の心構えが奇跡を生む【CD付き】』
〈きこ書房〉
『20代で伸びる人、沈む人』
『伸びる30代は、20代の頃より叱られる』
『仕事で悩んでいるあなたへ 経営コンサルタントから50の回答』
〈技術評論社〉
『顧客が倍増する魔法のハガキ術』
〈KKベストセラーズ〉
『20代 仕事に躓いた時に読む本』
『チャンスを掴める人はここが違う』
〈廣済堂出版〉
『はじめて部下ができたときに読む本』
『「今」を変えるためにできること』
『「特別な人」と出逢うために』
『「不自由」からの脱出』
『もし君が、そのことについて悩んでいるのなら』
『その「ひと言」は、言ってはいけない』
『稼ぐ男の身のまわり』
『「振り回されない」ための60の方法』
『お金の法則』
『成功する人は、なぜ「自分が好き」なのか?』
〈実務教育出版〉
『ヒツジで終わる習慣、ライオンに変わる決断』

〈秀和システム〉

『将来の希望ゼロでもチカラがみなぎってくる63の気づき』

〈新日本保険新聞社〉

『勝つ保険代理店は、ここが違う！』

〈すばる舎〉

『今から、ふたりで「5年後のキミ」について話をしよう。』

『「どうせ変われない」とあなたが思うのは、「ありのままの自分」を受け容れたくないからだ』

〈星海社〉

『「やめること」からはじめなさい』

『「あたりまえ」からはじめなさい』

『「デキるふり」からはじめなさい』

〈青春出版社〉

『どこでも生きていける１００年つづく仕事の習慣』

『「今いる場所」で最高の成果が上げられる１００の言葉』

『本気で勝ちたい人はやってはいけない』

『僕はこうして運を磨いてきた』

〈総合法令出版〉

『20代のうちに知っておきたい お金のルール38』

『筋トレをする人は、なぜ、仕事で結果を出せるのか？』

『お金を稼ぐ人は、なぜ、筋トレをしているのか？』

『さあ、最高の旅に出かけよう』

『超一流は、なぜ、デスクがキレイなのか？』

『超一流は、なぜ、食事にこだわるのか？』

『超一流の謝り方』

『自分を変える 睡眠のルール』

『ムダの片づけ方』

『どんな問題も解決する すごい質問』
『成功する人は、なぜ、墓参りを欠かさないのか？』
『成功する人は、なぜ、占いをするのか？』
『超一流は、なぜ、靴磨きを欠かさないのか？』
『超一流の「数字」の使い方』
〈ソフトバンク クリエイティブ〉
『人生でいちばん差がつく20代に気づいておきたいたった1つのこと』
『本物の自信を手に入れるシンプルな生き方を教えよう。』
〈ダイヤモンド社〉
『出世の教科書』
〈大和書房〉
『20代のうちに会っておくべき35人のひと』
『30代で頭角を現す69の習慣』
『やめた人から成功する。』
『孤独になれば、道は拓ける。』
『人生を変える時間術』
〈宝島社〉
『死ぬまで悔いのない生き方をする45の言葉』
【共著】『20代でやっておきたい50の習慣』
『結局、仕事は気くばり』
『仕事がつらい時 元気になれる100の言葉』
『本を読んだ人だけがどんな時代も生き抜くことができる』
『本を読んだ人だけがどんな時代も稼ぐことができる』
『1秒で差がつく仕事の心得』
『仕事で「もうダメだ！」と思ったら最後に読む本』

〈ディスカヴァー・トゥエンティワン〉
『転職1年目の仕事術』
『一度、手に入れたら一生モノの幸運をつかむ50の習慣』
〈徳間書店〉
『想いがかなう、話し方』
『君は、奇跡を起こす準備ができているか。』
『非常識な休日が、人生を決める。』
『超一流のマインドフルネス』
『5秒ルール』
『人生を変えるアウトプット術』
〈永岡書店〉
『就活で君を光らせる84の言葉』
〈ナナ・コーポレート・コミュニケーション〉
『15歳からはじめる成功哲学』
〈日本実業出版社〉
『「あなたから保険に入りたい」とお客様が殺到する保険代理店』
『社長！　この「直言」が聴けますか？』
『こんなコンサルタントが会社をダメにする！』
『20代の勉強力で人生の伸びしろは決まる』
『人生で大切なことは、すべて「書店」で買える。』
『ギリギリまで動けない君の背中を押す言葉』
『あなたが落ちぶれたとき手を差しのべてくれる人は、友人ではない。』
〈日本文芸社〉
『何となく20代を過ごしてしまった人が30代で変わるための１００の言葉』
〈ぱる出版〉
『学校で教わらなかった20代の辞書』

『教科書に載っていなかった20代の哲学』

『30代から輝きたい人が、20代で身につけておきたい「大人の流儀」』

『不器用でも愛される「自分ブランド」を磨く50の言葉』

『人生って、それに早く気づいた者勝ちなんだ！』

『挫折を乗り越えた人だけが口癖にする言葉』

『常識を破る勇気が道をひらく』

『読書をお金に換える技術』

『人生って、早く夢中になった者勝ちなんだ！』

『人生を愉快にする！　超・ロジカル思考』

『こんな大人になりたい！』

『器の大きい人は、人の見ていない時に真価を発揮する。』


〈ＰＨＰ研究所〉


『「その他大勢のダメ社員」にならないために20代で知っておきたい１００の言葉』

『好きなことだけして生きていけ』

『お金と人を引き寄せる50の法則』

『人と比べないで生きていけ』

『たった１人との出逢いで人生が変わる人、１００００人と出逢っても何も起きない人』

『友だちをつくるな』

『バカなのにできるやつ、賢いのにできないやつ』

『持たないヤツほど、成功する！』

『その他大勢から抜け出し、超一流になるために知っておくべきこと』

『図解「好きなこと」で夢をかなえる』

『仕事力をグーンと伸ばす20代の教科書』

『君のスキルは、お金になる』

『もう一度、仕事で会いたくなる人。』

〈藤田聖人〉
『学校は負けに行く場所。』
『偏差値30からの企画塾』
『「このまま人生終わっちゃうの?」と諦めかけた時に向き合う本。』
〈マガジンハウス〉
『心を動かす 無敵の文章術』
〈マネジメント社〉
『継続的に売れるセールスパーソンの行動特性88』
『存続社長と潰す社長』
『尊敬される保険代理店』
〈三笠書房〉
『「大学時代」自分のために絶対やっておきたいこと』
『人は、恋愛でこそ磨かれる』
『仕事は好かれた分だけ、お金になる。』
『1万人との対話でわかった人生が変わる100の口ぐせ』
『30歳になるまでに、「いい人」をやめなさい!』
〈リベラル社〉
『人生の9割は出逢いで決まる』
『「すぐやる」力で差をつけろ』

ブックデザイン：ツカダデザイン

成功する人は、なぜ「自分が好き」なのか?

2019年5月7日　第1版第1刷

著　者　千田琢哉
発行者　後藤高志
発行所　株式会社 廣済堂出版
〒101-0052　東京都千代田区神田小川町2-3-13　M&Cビル7F
電話 03-6703-0964（編集）
03-6703-0962（販売）
Fax 03-6703-0963（販売）
振　替　00180-0-164137
URL　http://www.kosaido-pub.co.jp
印刷・製本　株式会社 廣済堂
ISBN 978-4-331-52233-2　C0095